Bijan Kafi
Online

Praxis Anthroposophie – Dialoge, Initiativen, Entwürfe: Taschenbücher, die die Welt nicht nur als bestehende erfassen, sondern sie auch vorausdenkend weiterentwickeln möchten.

Über das Buch:

Die modernen technologischen Fortschritte entwickeln sich scheinbar unabhängig von unseren Bedürfnissen; nutzlose Apparate werden produziert, für die ein Bedürfnis mit massivem Medieneinsatz erst geschaffen werden soll. Nicht wir sind gefragt, wenn es um Technik und den Menschen geht, sondern unsere Kaufkraft. Wir fühlen uns betrogen.

Eben weil Technik heute nicht mehr Mittel zum Zweck, sondern Lebenszusammenhang, nicht mehr sinnvoller Apparat, sondern lustvoller Fetisch ist, ist eine Neubesinnung notwendig. Wo findet sich der Mensch in einer ihn völlig durchdringenden Technikwelt wieder? Wie kann eine Zukunft der Medienwelt aussehen? Kafis Überlegungen eröffnen hier neue Perspektiven zum veränderten Verhältnis von Mensch und Maschine. Sie lenken den Blick auf den einzelnen Menschen, der mit Technik letztlich leben muss, und auf sein Erleben eines technisierten Alltags, der ihn immer mehr in seinem Selbstverständnis herausfordert.

Über den Autor:

Bijan Kafi, geb. 1975 in Hannover, Besuch der Waldorfschule, seit 1996 Studium der Germanistik und Philosophie in Heidelberg. Seit mehr als zehn Jahren praktische Erfahrungen im Umgang mit den neuen Medien. Arbeit an medienkritischen Themen, Publikationen in verschiedenen Zeitschriften. Initiator und Redaktionsleiter der anthroposophischen Internet-Initiative «forum anthroposophie & neue medien».

BIJAN KAFI

ONLINE

Ausblicke
in die Medienzukunft

VERLAG FREIES GEISTESLEBEN

Meiner Mutter für alles

ISBN 3-7725-1268-2

1. Auflage 2000
Verlag Freies Geistesleben
Landhausstraße 82, 70190 Stuttgart
Internet: www.geistesleben.com

Einbandmontage: Thomas Neuerer
Druck: Clausen & Bosse, Leck

Inhalt

«Je kleiner die Welt,
desto größer der Mensch.»
Max Maria von Weber

Vorwort

Goethe hat einmal geschrieben, dass Fernrohre und Mikroskope eigentlich die Sinne des Menschen verwirrten.[1] Man kann die Folgen der jüngsten Entwicklungen auf dem Gebiet der modernen Technik und besonders der neuen Medien sicher als eine solche Sinnverwirrung bezeichnen, denn man sagt gewöhnlich, der Mensch sei «seiner Sinne nicht mehr mächtig», wenn er die Orientierung verloren hat. In der Tat scheinen sich wenige in der «schönen neuen Medienwelt» die Fähigkeit zu Klarsicht und distanziertem Urteil, kurz ihre Orientierung, bewahrt zu haben.

Ich möchte in den folgenden Betrachtungen zur Klärung dieser Verwirrung beitragen, indem ich Ansätze aufzeige, wie der Mensch als Einzelner zu einem selbstbewussten Umgang mit den Produkten und dem Geist moderner Technik ermuntert werden kann. Ich versuche, die Grundzüge eines solchen Umgangs zu zeichnen und allgemeine Begriffe wie Technik- und Medienkompetenz einer Untersuchung zu unterziehen.

Im Zentrum meiner Überlegungen werden die Medientechnologien im Allgemeinen und das Internet im Besonderen stehen, das ich als prototypisch für eine Technik der Zukunft in mehrfacher Hinsicht verstehe. Warum das so ist, soll im Verlaufe meiner Darstellung deutlich werden.

Ausgangspunkt ist dabei für mich der individuelle Mensch, der sich – fast ohne zu wissen, wie ihm geschieht – in die Technikwelt gestellt sieht. Denn heute findet Technik im Wahrnehmungsfeld des Einzelnen statt. Sie tritt immer häufiger als Lebensgefühl in Erscheinung, das Lebenszusammenhänge bildet und formt. Deshalb fällt es heute so schwer, sich der Technik und ihren Auswirkungen zu entziehen.

Daraus folgt, dass der zweite bedeutsame Begriff für mich der *Alltag* sein muss. Denn wenn wir Technik unmittelbar erleben, geschieht dies sehr viel häufiger in der Intimität unseres gewöhnlichen Alltags. Die technischen Phänomene stecken nicht mehr in den großartigen Erfindungen. Zu wenig ist für uns heute noch herausragend und erhaben, Miniaturisierung und Massenproduktion haben zur Trivialisierung der technischen Produkte geführt. Wir staunen heute weit weniger über einen sprechenden Toaster als die Millionen von Menschen, die 1969 weltweit die Mondlandung verfolgten, über den Sieg des Fortschritts.

Dabei ist dieses Buch keine Antwort auf das eines anderen Autors, auch wenn es an mancher Stelle so scheinen mag. Und so viel auch schon zu diesem und zu vergleichbaren Themen geschrieben wurde, es ist nicht einmal in erster Linie eine Kritik an ganz bestimmten Ansichten – selbst wenn es ohne Kritik an bereits Gesagtem nicht auskommt. Es ist vielmehr entstanden aus dem Gefühl eines Mangels auf Seiten des Verfassers. Eines Mangels an Orientierungsvermögen.

Ich habe mich um eine Betrachtung aktuellster Phänomene vom Standpunkt des technischen Laien aus bemüht. So soll dieses Buch einerseits eine beschreibende Einführung in das Phänomen Internet bieten, andererseits wird es als Medienkritik darüber hinausgreifen. Es wendet sich als Einführung sowohl an den wenig mit der Materie vertrauten Leser als auch, erweiternd, an denjenigen, der an den philosophischen Konsequenzen interessiert ist.

Das klingt, als wüsste ich, wie man es machen müsse, als ginge es um die «richtige Methode», eine Anleitung, wie der Mensch sein Auskommen in der Medienzukunft zu finden vermag. Es liegt jedoch, wie noch hervortreten wird, in der Dialektik der Sache, dass auf das *Raten* und *Weisen*, wie es gerade auf diesem Felde heute so üblich ist, beizeiten verzichtet werden muss. Auch dieses darzustellen, die Dogmatik und ihre Zwänge im augenblicklichen Diskurs zu offenbaren und zu einer *philosophierenden Haltung des Wagemuts* im Gegensatz zur Erwartung sicheren Wissens anzuregen ist Anliegen dieses Buches.

So darf es nicht für sich beanspruchen, ein vollständiges und in jeder Hinsicht zutreffendes Bild der Sachlage zu zeichnen. Es sind unzählige Bücher zu ähnlichen und verwandten Themen und Themenbereichen geschrieben worden, weniges dazu auch in der anthroposophischen Publizistik. Ernst Schuberths groß angelegte Untersuchung des Verhältnisses von Mensch und Maschine[2] – um nur die wichtigste zu nennen – erscheint auch nach zehn Jahren unübertroffen in Kompetenz, geisteswissenschaftlicher Präzision und Tiefe der Betrachtung. Aber die technische Entwicklung ist rasant. Mit ihr geistig mithalten zu wollen muss derzeit fast vergeblich scheinen. Einrichtungen wie das Internet oder andere virtuelle Erlebnisräume waren Ende der achtziger Jahre noch unbekannt. Die neue Medienwelt, wie wir sie heute herannahen sehen, war damals noch nicht Alltag. Hier liegen zahlreiche Herausforderungen.

Deshalb ist dieses Buch auch keine klare Antwort auf eine klar zu formulierende Frage. Im Gegenteil. Ich greife eine Zahl ausgewählter Phänomene heraus und versuche, an ihnen Symptome für ein Allgemeines zu finden, allgemeine Befindlichkeiten im Besonderen darzustellen. So fügt die Betrachtung auch eher ein Mosaik zusammen, indem sie einzelne Steine neu anordnet, als dass sie welche hinzuerfindet. Dieses Buch ist eine Herausforderung zur Gegenwehr.

Zu guter Letzt erscheint die vorliegende Darstellung in einer in erster Linie der Praxis verpflichteten anthroposophischen Reihe. Das könnte den Eindruck erwecken, es sei zuvorderst als anthroposophisches Buch zu verstehen. Dabei liegt die Schwierigkeit der begrifflichen Bestimmung auf der Hand: Was ist ein anthroposophisches Buch? Dieses jedenfalls soll durchaus nicht vornehmlich als solches verstanden werden. Dennoch: Die Orientierung der Fragen, die Haltung des Fragenden und einige offensichtliche Einzelpositionen sind nachhaltig anthroposophischen Ideen verpflichtet – weniger konkreten Inhalten als dem erkenntnismäßigen Zugriff. Mangelnde Erfahrung, Kompetenz und Sachkenntnis des Verfassers verbieten es jedoch überdies, sich im Rahmen des anthroposophisch-wissenschaftlichen Diskurses ernsthaft zu engagieren.

Das Buch ist daher auch nicht in einer solchen Intention geschrieben. Es möchte Qualitäten einer Begegnung ergründen und keine wissenschaftliche Betrachtung versuchen. Es möchte anregend, nicht anspruchsvoll gelesen werden. Denn es ist letztlich auch an mancher Stelle von der Seele geschrieben.

Ist Schreiben selbst auch immer eine einsame Sache, die

Durchkraftung und Arbeit am geistig Lebendigen, das seine Grundlagen bildet, kann es nicht sein. Ich danke – mehr als irgendjemandem sonst – meiner Mutter für ihren Zuspruch, ihre ständige Unterstützung und ihre Aufopferung für das, was wichtig war. Carolin für ihre Geduld, Kraft und Unermüdlichkeit. Und nicht zuletzt Herrn Alfred Rude für seine Ermutigung, sein aufmerksames Ohr zur rechten Zeit und wertvolle Hinweise. Wie unbedeutend erscheint manch ein Schritt, solange er noch nicht getan ist. Viele andere haben, wissend oder unwissend, dazu beigetragen.

Heidelberg, den 17. Dezember 1999   *Bijan Kafi*

I.

Große Erwartungen

1. Wo uns Technik begegnet

Die Welt der Technik und der Medien, die so sehr im Begriff
ist, nicht nur unsere Arbeits-, sondern auch unsere Lebenswelt zu werden, ist seltsam zerrissen und eine Welt von merk-
würdiger Hast. In der öffentlichen Diskussion scheint jede
Einigkeit darüber zu fehlen, welche Rolle moderner Hochtechnologie in unserem individuellen Lebensumfeld zukommen soll. Dennoch bahnt sich die Euphorie über die Segnungen der Technik, ihre Bedeutung für die Befreiung der
Menschheit von allerlei Sorgen und Problemen und ihre Rolle im Prozess des Zusammenwachsens der Kulturkreise un-
aufhaltsam ihren Weg. Allein innerhalb Industrie und Wirtschaft scheint Einvernehmen über den Kurs ins nächste Jahrtausend zu bestehen: Es soll ein vernetztes, ein digitales, ein
multimediales werden. Und man ist bereit, eine Menge dafür
zu tun. Da wirken fatalistische Stimmen in diesem Chor wie
die von ewigen Querulanten, ewig Gestrigen, ewig unbelehr-
bar Technikfeindlichen.

Der Einzelne muss letztlich der Dinge harren und ertragen,
was auf ihn zukommt. Er liegt zeitweilig unter endlosem
ideologischem Kreuzfeuer unterschiedlichster Interessen-
gruppen. Hilflos sieht er sich zudem in das Hin und Her
globaler Märkte und Interessen gestellt. Zukunft ist, könnte
man ihn pessimistisch resümieren lassen, was unvermeidbar

ist. Und Technik, könnten wir ihn mit Martin Heidegger sagen lassen, ist unser Schicksal.

Die derzeitige Diskussion um den Umgang mit moderner Technik ist bis in die äußersten Extreme polarisiert. Optimisten versprechen eine rosige Zukunft der vollständigen Integration des Alltags in eine vom Computer und den Massenmedien bestimmte Welt. Im Zentrum bleibe letztlich der Mensch, zu dessen Wohlbefinden und für dessen wirtschaftliches Auskommen das alles veranstaltet wird. Sie prophezeien zudem, die moderne Technik werde ihm die Bürde des Alltäglichen weitgehend abnehmen, ihn von zeitraubenden Routinearbeiten entlasten und vom Joch überflüssiger Arbeit befreien. Sie preisen die zu erwartende Produktivität eines effizienteren Lebens, das ganz im Zeichen seines Genusses steht.

Eine eigentümliche Gewissheit ist all ihren Visionen eigen. In den Augen ihrer Kritiker werden sie zu technokratischen Idealisten; sie träumten von einer besseren Welt, die den Aspekt menschlicher Fehlbarkeit, ethischer Maßstäbe und lebendiger sozialer Eigendynamik vernachlässige. Sie hingegen, die Skeptiker, verheißen Werteverfall und kulturellen Niedergang in einem ebenso gewiss zu gewärtigenden Strudel aus narzisstischer Selbstbezogenheit und «virtueller» Weltentfremdung. Der Mensch werde sozial vereinsamen, das Internet als adäquate Ersatzrealität akzeptieren und für lebendiges Miteinander und Begegnung, für synästhetisches Welterleben unfähig werden. Sie zeichnen das Bild einer «Orwellschen neuen Welt».

Diese Hoffnungen und Befürchtungen sind bestimmt von einer vermeintlich sicheren Erkenntnis; es hat den Anschein, es handele sich bei ihnen nicht mehr nur um Vermutungen, sondern um Zukunftsgewissheiten. Der aktuelle Diskurs ist weniger noch Diskussion als Zementierung solcher Gewissheiten von einer *determinierten Zukunft*. Und weil sich insbesondere die Optimisten zum Ziel gesetzt haben, das alltägliche Leben eines jeden Bürgers auf technischem Wege zu revolutionieren, findet das Streben, der medientechnischen Revolution ihren teleologischen Impetus zu geben, erste Ansatzpunkte in Schule und Kindergarten. Hinter dieser Absicht steht legitimierend der Wunsch, Medienkompetenz und damit Zukunftskompetenz zu lehren. Die Schule soll als Instanz der Sozialisation das Banner der technologischen Revolution vorantragen. Besonders gern ist dabei von Verantwortung gegenüber den Kindern die Rede.

Die Verschmelzung von Alltag und Technikwelt zu perfekter Symbiose ist hehres Ziel der Ingenieure und Konstrukteure dieser Lebenswelt. Sie imaginieren dem Konsumenten seine Zukunft als gesellschaftlich produktives Konglomerat aus Information und Unterhaltung, Bildung und Lust am Leben, Wissen und Spaß am Spiel mit der Apparatur. Spiel ist darin idealiter von Information kaum noch unterscheidbar. Es ist erklärtes Ziel, sie zu vereinen, zu verschmelzen zu einem neuen Bildungs-, ja einem neuen Erkenntnisideal, das sich selbst noch nicht im Klaren ist, welchem dieser beiden Aspekte die größere Bedeutung zukommt. Diese Euphorie wird hier und da von einem skeptischen Humanismus attackiert, der sich mit einer blütenweißen Zukunft steriler Funktionalität des Menschen nicht so recht anfreunden mag. Er weissagt das Verheißungsvolle als das Maschinell-Leblose, das technisierte Leben als sinnlich-emotionales Jammertal.

Fortwährend angemahnt, ist die leidenschaftliche Diskussion um diese verheißungsvolle Zukunft des einträchtigen Miteinanders von Mensch und Technik längst zum Politikum geworden. Unser aller Zukunft, so scheint es, wird gemacht. Und zwar von den Zukunftsministern, Medienkonzernen und Medienmogulen. Besonders die Debatte um eine angemessene Bildung tritt hier hervor. Schulen und Kindergärten werden dieser Tage – vor allem in Amerika – geradezu genötigt, auf den Zug des technischen Fortschritts aufzuspringen. Auch deutsche Bildungseinrichtungen sehen sich da schon unter Zugzwang. Das von der Bundesregierung mit tatkräftiger Unterstützung der Wirtschaft vor nicht allzu langer Zeit initiierte Projekt «Schulen ans Netz»[3] trägt erste, wenn auch bescheidene Früchte. Rund 2500 Schulen haben sich bei dem Projekt beworben, das sich zum Ziel gesetzt hat, rund 750 Einrichtungen mit modernster Technik ans *Internet*[4] anzuschließen. Es ist eine europäische Initiative, ein Versuch, mit Amerika im Rennen um die «modernste Erziehungsausrüstung» mitzuhalten. Ob und inwiefern dabei auch pädagogische Gesichtspunkte eine Rolle spielen, ist noch fraglich.

Dieser Andrang übertraf die Erwartungen bei weitem und lässt die Frage aufkommen, was aus der noch vor wenigen Jahren viel beschworenen Konzeptlosigkeit der Lehrer geworden ist. Kaum vierundzwanzig Monate sind vergangen, dass der katastrophale Wissensstand der Pädagogen für eine nur schleppende Verbreitung moderner Technologien in den Schulen verantwortlich gemacht wurde. Niemand schien zu wissen, wie genau der Computer je würde «Schule machen» können.

Der längst etablierte Markt hatte dazu schon seit langem

eine eigene Ansicht. Heute füllen Computerprogramme für Kindergarten- und Schulkinder die Regale in jedem besseren Fachgeschäft. Die «neue Bildung» wird längst am Fließband produziert. Wer unter den Programmherstellern etwas auf sich hält und um ein «zeitgemäßes» Sortiment bemüht ist, ergänzt es um Bildergeschichten für die Kleinsten und «anspruchsvollere» Buchstaben- oder Rechenspiele für die Zeit danach. Vor einigen Monaten ging in Deutschland das erste Fernsehprogramm für Zweijährige auf Sendung, erste Computerprogramme für Kinder ab neun Monaten sind in Vorbereitung. Pädagogen und Lehrkräfte scheinen sich mit der allgemeinen Entwicklung arrangiert zu haben. Sie stimmen mittlerweile in die Lobeshymnen auf die neue Medientechnik und ihre Bedeutung für die Erziehung weitestgehend mit ein. Jüngst durfte das erste Abitur am Computer geschrieben werden, dürfen die ersten Erstklässler den PC benutzen, wenn sie das Alphabet lernen. Die Kette der Nachrichten, in denen Klassenlehrer die unglaubliche Konzentration und Kooperationsbereitschaft ihrer Schützlinge loben, sobald diese einmal vor dem Bildschirm sitzen, reißt nicht ab. Wo ist sie geblieben, die viel gescholtene Ratlosigkeit? Sie scheint einem motivierten Aktivismus gewichen zu sein und der Einsicht, dass der Entwicklung sich entgegenzustellen sinnlos ist.

Aber weiß der Lehrer, was ihn motiviert? Es sieht viel mehr nach einer pessimistischen Haltung des Gehenlassens aus. Man hat sich dem Gang der Dinge angepasst. Die Industrie und die politisch Verantwortlichen wissen dabei genau, dass die Sache mit der Bildung wohl doch etwas mit Fortschrittlich-sein-Wollen zu tun hat. Und ganz sicher etwas mit Prestige. Das Engagement der Schulen ist bei ihrer alltäglichen

Präsenz nur zu verständlich. Sie pflegen den Mythos Computer in der «neuen Bildung» und preisen ihn als «eierlegende Wollmilchsau». Der Jahrtausendwechsel kommt da für die fortschrittliche Idee gerade passend und erweist sich als profitabel. Nichts ließe sich derzeit mehr gewinnbringend vermarkten, trüge es nicht die magische «2000» im Titel. Das gilt besonders für das Internet und seine verwandten Technologien. Es hat sich seit etwa 1995, als die ersten privaten Internet-Zugänge technisch möglich wurden, zum allgemeinen Sinnbild einer schon Realität gewordenen Zukunft entwickelt.

Dabei nutzen Hersteller und Händler die maßlose Kraft des Trends, in der technisch hoch komplizierten Apparatur Geheimnis- und Lustvolles zu wittern. Das Gemüt des Konsumenten ohne dieses «Interessantheitspotenzial» zum Kauf anzuregen scheint fast unmöglich geworden. Technik besitzt heute mehr denn je das Attribut der sinnlichen Erfahrbarkeit, das zugleich sinngebendes ist. Sie würde sich sonst nicht nur nicht verkaufen, sondern auch keinen Spaß machen, und das ist eine Eigenschaft, die dem Neuen auf keinen Fall fehlen darf – neu ist, was man noch nicht kennt.

Die Computerindustrie und besonders jene spezifisch ungreifbare der neuen Medien – ungreifbar, weil sie nichts anderes produziert als Licht und Ton –, sie alle leben vom Spaß, ohne den ihre Produkte nur halb so interessant wären. Ein modernes, hoch entwickeltes Produkt bezieht den größten Teil seiner Wirkung aus der Konstruktion seines Images und nicht aus der Summe seiner Eigenschaften, geschweige denn seiner Nützlichkeit. Die herrschende ökonomische Euphorie veranlasst die Industrie zur Vermarktung des «Erlebnisses Leben» als «Abenteuer Internet». Die Produkte beglücken, erleichtern und erfrischen, machen alles einfacher und leichter durchschaubar – die Begegnung des Menschen mit der Maschine ist eingleisig: gerichtet auf den Menschen, und mit einer Maschine, die immer neue Reize liefert. Die Kräfte, die in diesem Wahrnehmen wirken, sprechen für die eigentümliche Bedeutung, die Technik für unser Wohlbefinden hat – mehr als für die Erleichterung unserer täglichen Mühen. Starke Lobbys spannen damit kraftvolle Strömungen für die eigene profitable Sache ein. Außerhalb marktpsychologischer Aspekte scheinen sie diese Strömungen weder zu verstehen noch zu wissen, wohin es führt, wenn man sie nährt und befördert.

Es fällt denkbar schwer, sich zwischen Profitdenken, euphorischer Zukunftsgewissheit und immer neuen Warnungen vor den bedenklichen Folgen der Technik zu orientieren – sowohl für den Einzelnen als auch für eine Schule.[5] Unzählige Bücher sind hierzu geschrieben worden sowie zu Fragen, deren Argumentation sich immer auf das «Wie?» des Miteinanders von Mensch und Maschine richtet. Die meisten Autoren äußern sich im Trend der Zeit, als vehemente Verfechter des «undefinierbar Modernen» – und ihre Gegner wechseln sich hier und da ab.

Die Vermarktung des «Erlebnisses Technik», die Debatte um die Erziehung in der Computergesellschaft und die zahllosen Schriften, die zu diesen und verwandten Themen erschienen sind: bei genauerem Hinsehen können wir in ihnen Vorstöße sehen, eine Antwort auf die Frage zu finden, wie denn mit diesen zwei Kräften, des Humanen und des Maschinellen, umzugehen sei. Es sind Ansätze, Mensch und Maschine nebeneinander und miteinander lebensfähig zu machen, auch wenn sich die Autoren das zumeist nicht als hehres Ideal auf die Fahnen schreiben und die Bewertung ihrer Methoden disparat ausfallen dürfte. H. D. Mutschler bemerkt etwa: «Technikphilosophie ist mehr und mehr sensibel für die ethischen Probleme der Technik, und hierin liegt ein großer Fortschritt.»[6]

Es geht tatsächlich nicht darum, Lebensverhältnisse zu ordnen. Auch das Thema «Computer in der Schule» ist als besonderer Aspekt nur von begrenzter Relevanz. Dasselbe gilt für die unzähligen Fragen, die sich partikularen Phänomenen widmen und uns damit zu konfrontieren scheinen, ob wir das *dürfen*, was wir tun. Man denke zum Beispiel an die Medizintechnik. Dahinter verbirgt sich eine weitaus tiefere Frage. Es geht um das Schaffen eines symbiotischen Lebensumfeldes zwischen Mensch und Maschine. Es geht darum, die Grenzen der Fähigkeit und Tragbarkeit des Menschen auszuloten – in Vorbereitung auf eine Zukunftsentwicklung, die einen Unterschied zwischen Menschenwelt und Maschinenwelt nicht mehr machen wird. «Technik ist mehr als ein bloßes Mittel zum Zweck, das sozialverträglich und ökologisch verantwortbar eingebunden werden muss. So notwendig dies auch sein mag, Technik als epochale Befindlichkeit, als Möglichkeit der progressiven Entgrenzung berührt zugleich den Bereich, der bislang vom Mythos oder von der Religion besetzt wurde oder vielmehr: in dem der Mythos erneut präsent ist», schreibt H. D. Mutschler.[7]

Blicken wir auf die Bedeutung der Medientechnik in unserer Zeit, dann scheint es nicht zu hoch gegriffen, wenn wir sagen, es geht hier gar um das Ausloten der Möglichkeiten einer neuen Weltordnung. Wir werden noch näher sehen, was es damit auf sich hat.

Wenn wir aufmerksam beobachten, dann erkennen wir jedoch ebenso, dass der Gegenstand dieser Orientierungs- und Klärungsversuche immer die Wirkung der Technik auf die *Gesellschaft als Ganzes* ist. Es geht praktisch nie um den Einzelnen und seine Situation im überdimensionierten Moloch einer nicht mehr sinnlich fassbaren Technokratie. Als leibliche, seelische und geistige Persönlichkeit bleibt er nicht nur mit seinen Fragen, Nöten und Ängsten, sondern auch in seiner individuellen Reaktion auf das Phänomen der modernen Technik unbeachtet. Vielmehr steht bei allen Untersuchungen, wissenschaftlichen Diskursen und bisher verfassten Abhandlungen die Gruppe oder Gemeinschaft im Vordergrund. Selbst wenn es darum geht zu beurteilen, ob die exzessive Nutzung des Computers zu Vereinsamung und geistiger Armut führt, wird zu Verallgemeinerung und Statistik gegriffen. Die Bedeutung der Persönlichkeit als Fokus, in dem sich Technikerleben, Urteilsfähigkeit und Kompetenzentscheidung treffen, wird nicht erkannt, denn Systeme, Strukturen, Parallelen und ablesbare Werte interessieren, nicht das Erleben des Einzelnen.

So ist diese öffentliche Auseinandersetzung tatsächlich eine Diskussion, die über den Kopf des Einzelnen und seine Lebenswirklichkeit hinweg geführt wird. Dessen ungeachtet sind es eben diese Fragen, die an den Orten und in den Momenten bewegen, wo Technik einem begegnet. Mir scheint, es ist eine wesentliche Einsicht für eine zeitgemäße und sachgerechte Beantwortung der im Folgenden noch aufzuwerfenden Fragen, diesen Zusammenhang besser zu verstehen. Denn die moderne Technik ist heute in ihren Apparaten und Gerätschaften jedermann allgegenwärtig. Wir begegnen ihr überall im Alltag und immer häufiger auch im intimsten Privatleben. Dabei scheint sie uns immer stärker damit zu konfrontieren, wie wir uns individuell zu ihr stellen – wahrnehmend, erkennend und nicht zuletzt handelnd. Jedem Nicht-Fachmann sind Fragen der Art «Könnte ich diese Entwicklung noch für mich verantworten?» aus der alltäglichen Lebenspraxis im Umgang mit modernster Technik bekannt.

Jede Apparatur, die direkt oder indirekt – manchmal gewaltsam wie beim Fernsehen – bis in unser Privatleben hereindringt, scheint diese Frage stumm zu stellen. Der Fernseher, Allerweltsding und Standard in jedem Haushalt, gilt vor dem Gesetz als unpfändbar, weil zur modernen «Überlebensausrüstung» gehörig. Die Begegnung mit dem Phänomen dieses nach dem Internet modernsten aller Massenmedien ist immer wieder ein Abwägen: Was kann, was darf, was will ich noch ertragen, wahrnehmen, wissen? Wir wissen längst um die schweren seelischen Beeinträchtigungen des Fernsehers, und bei genauem Hinsehen sind sie für jeden täglich erfahrbar.

Deshalb ist es der Einzelne, der auch in der modernen Medienwelt – die in Zukunft noch unermesslich weit über den Fernseher hinauswachsen wird – das Bedürfnis nach Orientierung hat. Wir erkennen in den modernen Medien immer wieder, dass nur der einzelne Mensch ihnen ihrem Sinn und ihrer Bedeutung nach gerecht werden kann. Der Einzelne ist in der modernen Technik wesensmäßig gemeint. Er selbst weiß, dass die Technik der alltäglichen Lebenswelt ihn meint, dass sie für ihn, wo sie ihm begegnet, eine stumme Frage ist. Man stelle sich vor: Wer sich mit dem Thema «Computer in der Schule» auseinander setzt, über Sinn und Unsinn der Apparatemedizin nachdenkt, über den Nutzen sprechender Toaster oder intelligenter Kühlschränke, der fragt eigentlich: Wie leben mit Technik? Er fragt nicht nach ethischen Prinzipien, nicht nach den ethischen Implikationen der medizinischen Lebensverlängerung. Er fragt auch nicht nach den sozialen Folgen der Einführung des Internets in totalitären Staaten, nicht nach globalem Datenschutz oder dem endgültigen Durchbruch der demokratischen Idee. Er fragt vielmehr danach, was im Angesicht dieses *technischen Wesens*, das in der Maske des naturwissenschaftlichen Denkens durch diese Welt geistert, aus ihm als Mensch wird. Er fragt, was er als individuelle Persönlichkeit mit seiner Hilfe leisten kann und was er zu erleiden haben wird, wenn er erst mit ihm leben muss.

Die aktuelle Diskussion lässt den Einzelnen mit diesen Fragen allein. Es ist eine Diskussion, die ihn und seine Urteilsfähigkeit, die Notwendigkeit ihrer Erhaltung für die Zukunft, nicht berücksichtigt. Wie er in der Alltagswelt des technologischen Überflusses angemessen leben kann und einen Standort findet, der vor allem in empirischer Hinsicht den alltäglich vorgefundenen Gegebenheiten gerecht wird, ist noch nicht beantwortet. Diese Diskussion verharmlost die Hemmnisse des Einzelnen als ein Symptom, das im Gang des Fortschritts zu vernachlässigen sei. Der Einzelne werde sich früher oder später schon daran gewöhnen, in einer neuen Welt zu leben.

Es wird uns sofort deutlich, dass eine derartige Einschätzung, wollte sie Resultate fordern, die Bildung einer individuellen Fähigkeit zur Auseinandersetzung voraussetzen muss. Freilich, der Mensch wird sich gewöhnen. Aber zu welchem Preis? Der stetige und ungebremste Fortgang der augenblicklichen Entwicklung, bei der viele lieber heute als morgen den Computer bereits im Kindergarten sähen, klammert die Erlebniswelt des Einzelnen im Hinblick auf die Technik von vornherein aus. Einerseits verharmlost sie die Rolle des Einzelnen in der technisierten Lebenswelt, andererseits vernachlässigt sie die Bedeutung der Technik als Lebenswirklichkeit, dasjenige Erfahrungsfeld, auf dem Technikerleben heute unmittelbar aktuell ist.

Was ist das für eine Technik, welcher der Mensch heute gegenübersteht? Welche Bedeutung hat die Begegnung mit moderner Technik heute für den Einzelnen und welche wird ihr in Zukunft in der Entwicklung der futuristischen Kommunikationstechniken zukommen? Und endlich, was wird das für eine technisierte Welt sein, in der es für den Einzelnen gilt, sich zu bewähren? Eine Ortsbestimmung des Menschen in der Medienwelt von heute und von morgen ist zu leisten. Wie das Feld abzustecken ist, innerhalb dessen das Erleben des Technischen im Einzelnen heute und in Zukunft möglich ist, steht zur Frage. Darüber hinaus: was aus der Begegnung des individuell Einzigen mit dem maschinellen Einerlei zu gewinnen ist. Dabei soll der Alltag in den Blick genommen und aus der Praxis für die Praxis argumentiert werden.

2. Gegenwärtig allgegenwärtig

«Es scheint also, dass es nur die jeweils
neuesten Techniken sind, die sich in ihrer ersten Entwicklungsphase […] mit
dem Rotgold des Guten, Wahren und
Schönen überziehen, und dass dieser
Idealisierungseffekt später verschwindet, so wie das Gold der aufgehenden
Sonne nur kurz über einem bestimmten
Alpengipfel leuchtet, um sogleich nach
Westen zu wandern. Das Licht des Tages
ist dann weit weniger idealisch.»

H. D. Mutschler[8]

1931, zwei Jahre vor Hitlers Machtergreifung, schrieb der
deutsche Philosoph Karl Jaspers, jede Zeit habe ihren Geist.
Er prägte den passenden Begriff von der «geistigen Situation
der Zeit».[9] Zahlreiche Schriftsteller beriefen sich in den nachfolgenden Jahrzehnten auf ihn, begaben sich auf die Suche
nach der geistigen Signatur ihrer eigenen Zeit. Auf die Frage,
worin sich diese ausspreche, hatte bereits geraume Zeit vor
Jaspers der Philosoph Hegel eine gelehrte Antwort. Von ihm
stammen die Worte, Philosophie sei dieser Geist, sei ihre Zeit
in Gedanken gegossen.

Jetzt, nachdem das 20. Jahrhundert zu Ende gegangen ist,
bemühen sich Philosophen und Historiker besonders, ihm,
seinem Geist, einen Namen zu geben. Der Historiker Eberhard
Jäckel nannte es kürzlich das «deutsche» Jahrhundert. In Buch-
läden finden wir zurzeit ein aktuelles, reichhaltiges Sortiment

an Lektüre für Kontemplation und Rückschau: Wie und als was sollen wir unser Jahrhundert verstehen? Welche Bewegungen, Brüche, Umschwünge waren wirklich bedeutend?

Es ist natürlich, dass das Bestreben zur Retro- und Introspektive an der Wende eines Jahrhunderts – und zugleich eines neuen Jahrtausends – solche Gedanken motiviert. Allein, bisher konnte sich noch keiner so richtig «seinen Begriff» davon machen. Zu vielfältig sind die Strömungen, zu plötzlich trat dieses Jahrhundert auf die Bühne der Weltgeschichte, zu eilig wechselten die Hauptdarsteller.

Stehe man zu der Frage, ob es den Zeitgeist überhaupt gibt, wie man will – niemand kann leugnen, dass es Züge gibt, die anscheinend jeder Zeit ihren Eindruck aufprägen wollen. Jahrhunderte haben für uns Rückblickende ihre eigenen Gesichter. Sei es das 15. Jahrhundert der großen irdischen Entdeckungen, das 17. und 18. der europäischen Philosophie oder das 19. des Untergangs einer idyllischen vorindustriellen Welt. Zurück bleibt eben dieses bildhafte Etwas im Geist, wenn das Jahrhundert verflossen ist.

So wenig aber die Züge im Antlitz eines Menschen allein den Gesamteindruck seiner Erscheinung bilden, so wenig ist es legitim, große und größte Ereignisse wie den Ersten oder Zweiten Weltkrieg zu Kronzeugen des 20. Jahrhunderts zu machen. Züge dieser Art in den Blick zu nehmen ergäbe sicher in der Summe weniger als eine geistige Situation. Dennoch spiegelten sie auch wiederum mehr als nur einzelne Phänomene – jedenfalls wenn es gelänge, das in ihnen verschleierte Gemeinsame in Worte zu fassen; sie weisen doch auf etwas, was sich – in der Rückschau – für Denken und Handeln als bestimmend gezeigt hat.

Ich möchte versuchen zu zeigen, dass diese besondere Form der Technik, der wir gegenwärtig ausgesetzt sind, in mehr als einer Hinsicht im Laufe des 20. Jahrhunderts eine andere geworden ist. Sie hat dadurch das Gesicht dieses Jahrhunderts mitgeprägt und ist in der heutigen Form von herausragender Bedeutung für den Menschen, der sich die Fragen nach dem richtigen Umgang mit ihr stellt.

Zwischen dem Beginn der Industrialisierung und damit dem Einzug des technischen Wesens in die Lebenswelt des Menschen und ihrer völligen Bemächtigung seiner Alltags-wirklichkeit liegen nicht einmal zweihundert Jahre. Klassi-sche Werke mit sozialkritischem Impetus, wie Goethes *Wilhelm Meisters Wanderjahre*, fragen zu Beginn dieser Zeit zunächst zaghaft nach dem, was noch kommen mag, wenn das Handwerk zugunsten der Maschinen verschwindet. «Auf den ersten Blick lesen sich die *Wanderjahre* wie ein Lob des Handwerks. ‹Technik› kann Goethe noch als Synonym behandeln», schreibt Adolf Muschg.[10]

Heute ist Technik zum Lebensumstand geworden. Sie ist nicht mehr drohende Verheißung am Horizont des Fortschritts, sondern Alltagsgewissheit. Karl Jaspers' Anliegen in seiner Schrift *Die geistige Situation der Zeit* war es, die Befindlichkeiten des Menschen in einer neuen Technikwelt zu ergründen, die wieder eine ganz andere geworden war, als Goethe sie kannte – nicht nur in der Hinsicht, dass die Maschinen sich gewandelt hatten, die Kenntnisse gewachsen waren, die Industrialisierung fortgeschritten war. Vor zweihundert Jahren bediente man sich komplexer technischer Apparate im Handwerk, in der Arbeit. Im ersten Drittel des 20. Jahrhunderts war Technik im Begriff, über die Grenzen der Fabriken hinauszugreifen. Sie eroberte sich den Lebensraum des Menschen. Heute leben wir mit den Apparaten in einer durch und durch technisierten Lebenswelt. Zwischen dem Moment, wo das Wesen des Technischen das lange unangetastete Territorium der Schwerindustrie, der Fabrikmelancholien und der Tragödien der Rationalisierung verließ, bis zu dem Tag, an dem wir uns eingestehen, ohne die alltägliche Genussbefriedigung durch den Apparat nicht mehr leben zu können, sind nicht einmal sieben Jahrzehnte vergangen.

Nehmen wir die Bedeutung, die wir der Technik in unserer Zeit gerade im Alltag zumessen, in den Blick, dann weisen wir gewiss auf einen prägenden Zug dieses Jahrhunderts: die sich graduell fortentwickelnde und sich dabei vielfältig wandelnde Bedeutung des technischen Wesens in der alltäglichen Lebenswirklichkeit des individuellen Menschen.

Technik ist heute in ihren Apparaten Allgemeingut geworden. Leibliche, seelische und geistige Technikerfahrung ist nicht mehr auf bestimmte Berufsstände beschränkt. Das ist eine Auffassung, die heute von jedem Menschen geäußert werden kann. Absolut jedem ist moderne Hochtechnologie allgegenwärtig. Es ist eine Wahrnehmung durchschnittlicher Menschen, nicht von Spezialisten. Noch vor ganz kurzer Zeit musste man studiert haben, um Geräte von nicht annähernd der Komplexität bedienen zu können, die heute unsere Wohnzimmer füllen. Schon ein CD-Player überbietet an Komplexität jede schwerindustrielle Mechanik der Jahrhundertwende und ist doch einfacher zu bedienen als eine Waschmaschine vor fünfzig Jahren.

Und diese CD-Player und all die anderen Annehmlichkeiten vornehmlich der Unterhaltungsindustrie sind für jedermann zu haben. Denn Technik ist als zivilisatorische Errungenschaft eine triviale Sache geworden. Kein Walkman und keine Mikrowelle vermag heute noch als Ausdruck einer geradezu genialischen Idee zu beeindrucken, die von Hunderten von Menschen in konzertierter Anstrengung über Jahre hinweg ersonnen und in die Tat umgesetzt wurde. Selbst vom Bau der ersten internationalen Weltraumstation zu hören versetzt uns kaum noch ins Nachdenken. Und das, obwohl kaum jemand sich rühmen würde zu verstehen, wie all diese Geräte tatsächlich funktionieren. Sie sind banale Ausfütterungen unserer Lebenswelt geworden, jeder Individualität beraubt, in Massen herzustellen und in eben solcher Anzahl zu erwerben – zu Kosten, die praktisch für jeden tragbar sind.

Die Art und Weise, wie wir hoch technologische Apparate als selbstverständliche und alltägliche Gegenstände nicht mehr nur unseres Arbeits-, sondern auch unseres Lebensumfelds akzeptieren, prägt unseren Blick auf die Welt. Sie ist die Grundlage für unser Wahrnehmen, Denken und Handeln, das nicht-technikunterstützt heute nur noch selten vorkommt. Das gilt sowohl in gegenständlicher Hinsicht – wir sehen, hören und fühlen die Apparate überall – als auch im Hinblick auf ihre Verständlichkeit, Nutzbarkeit und ideelle Geltung. Wir sprechen heute von einem Standpunkt aus, wo das Verständnis von Technik als der Ikone des Machbaren selbstverständliche Alltagsgewissheit geworden ist. Wir hegen keinen prinzipiellen Zweifel an der Lösbarkeit eines jeden naturwissenschaftlich beschreibbaren Problems. Wir verstehen zwar nicht, wie der Toaster auf unserem Frühstückstisch genau funktioniert, aber da er funktioniert, muss es irgendjemand wissen. Warum sollte dann nicht irgendein anderes Wissen noch viel höher gesteckte Ziele erreichen können?

Technik verspricht uns das Heil durch die Steigerung des individuellen Wohlbefindens, durch die Erleichterung von mühseliger Arbeit und die Vermittlung neuer Erkenntnisse und Einsichten. Der Glaube an die Allmacht der Technik hat eine Mission: eine lebenswerte Zukunft zu schaffen, sie zu erschaffen. Durch sie eint das naturwissenschaftliche Prinzip, verkörpert in der Idee der technologischen Machbarkeit, Welten und Welt-Anschauungen. Eine Erfindung jagt die andere. In den USA etwa registriert im Schnitt jede einzelne der großen Firmen der Computerbranche etwa ein Patent pro Tag. Modernste Technik, die uns immer mehr zum Idol dessen wird, was wir fehlerbehaftete Menschen vielleicht einmal erreichen werden, hat eine Bedeutung erlangt, welche die Unmöglichkeit des Scheiterns vor dem Neuen und Unerwarteten verspricht. Technik hat in unserer Zeit die Ungewissheit abgeschafft. Nicht einmal vier Jahrhunderte hat es von der Erfindung des Fernrohrs bis zum ersten Schritt auf dem Mond gedauert. Es ist gewiss, dass der Mensch die Distanz bis zum Mars in wenigen Jahrzehnten überwinden wird. Als blinde Gefühlsduselei erscheint uns heute, wenn Zweifel an der naturwissenschaftlich-technischen Methode geäußert werden.

Dabei hat die Verehrung der Technik in den vergangenen Jahren, wie der Medienkritiker Neil Postman schon 1995 überzeugend zeigte,[11] mancherorts geradezu religiöse Ausmaße angenommen. Dass es sich bei diesem Vertrauen auf der Grundlage der vermeintlich sicheren Naturwissenschaften um einen für dieses Jahrhundert charakteristischen Zug handelt, scheint unzweifelhaft. Dass auch die ins immer Kleinere und Größere getriebenen technischen Fertigkeiten der Ingenieure und Wissenschaftler an ihre Grenzen stoßen, zeigt nur, dass wir noch nicht so weit sind, den richtigen «Dreh» noch nicht gefunden haben. Es zeigt keinesfalls die grundsätzliche Unüberwindbarkeit der Grenzen.

Es kann hier nicht der Ort sein, wissenschaftlich fundierte Technikkritik zu betreiben oder die Geschichte der Technikentwicklung profunde darzulegen. Für uns ist bedeutsam, dass wir uns den Weg, den die Technik im Verlaufe des 19. und des 20. Jahrhunderts zurückgelegt hat, vergegenwärtigen. Es ist ein Weg, der von der großen, hässlichen und unförmigen Maschine wegführt, einer Maschine, die aufgrund dieser Attribute für den einfachen Menschen ebenso unbekannt war. Technik als zivilisatorische Errungenschaft war noch kein Bestandteil des alltäglichen, privaten Lebenszusammenhangs. Der Lebensraum der Technik war der öffentliche Raum.

Dabei geht es durchaus nicht bloß darum festzustellen, dass unsere Zeit in einem höheren Maße von Technik durchsetzt ist. Technik war als Idee und Apparat immer gegenwärtig. Von der primitiven Axt über das einfache Haushaltsgerät bis zur modernen Waschmaschine waren die Gerätschaften immer Teil menschlichen Lebens. Aber es liegt durchaus eine Verwandlung in dem vor, was Technik dem Menschen war und welche Aufgabe sie hatte. Die Technik unserer Zeit ist als solche eine andere, weil sie den Entwicklungsweg vom Arbeitsumfeld ins Lebensumfeld ihrer Nutzer als *Aufgabe* vollzogen hat.

Wir können sagen, dass die Trivialisierung der Technik, ihr

Siegeszug in jedermanns Alltag dazu geführt hat, den Glauben an die Allmacht ihres Prinzips zumindest im alltäglichen Bewusstsein noch zu festigen. Wir werden tatsächlich selten dazu angehalten, unsere Denkschemata, unsere praktische Lebens- und Handlungsweise, die massiv von einer Unzahl von Apparaten und technischen Stimulanzen abhängig geworden ist, zu hinterfragen. Besonders kann uns dies in unseren Nutzungsgewohnheiten der Medientechnologien bewusst werden. Jeder frage sich selbst, welche Formen er in der Nutzung der vertrautesten alltäglichen Hochtechnologie, dem Fernsehen, gewohnt ist und wie unabhängig er sich von ihr zu machen gewillt beziehungsweise in der Lage ist.

3. Gemeinsam einsam

«Es geht hier um keine Invasion aus der Ferne des Weltalls! All dies entsteht aus der Mitte unserer Zivilisation heraus. Mensch und Maschine werden verschmelzen. Sie werden eins.»

Ray Kurzweil[12]

Diese alltägliche Technik ist uns nicht nur beträchtlich präsenter als noch zu Karl Jaspers' Zeiten, sie ist auch selbst eine vollkommen andere geworden. Es ist notwendig, sich über den Weg im Klaren zu sein, den die alltägliche Technik im 20. Jahrhundert noch zurückgelegt hat.

Als Karl Jaspers 1932 in seiner *Philosophie* über dasjenige schrieb, was der Mensch als das Wahre, Ewige nur philosophisch zu erhellen, nie faktisch festzustellen in der Lage ist, meinte er damit das Göttliche. Er nannte es das «Umgreifende».[13] Das Göttliche war für ihn das Metaphysische als der Urgrund der Erkenntnis und ihre letzte Grenze, und er widersprach der naturwissenschaftlichen Euphorie, sie könne sich durch die Vorstellung einer bis ins Kleinste sezierten Welt Wissen über es verschaffen. In seiner berühmt gewordenen Zeit- und Technikkritik hat er im 20. Jahrhundert, noch vor Adorno und anderen, den Geist der Technikgewissheit mit großer Radikalität und mit kulturell und politisch umfassendem Anspruch angegriffen.

In diesem Umgreifenden, dessen Namen er selbst prägte, sah er ein Leitendes und Führendes im Leben des Menschen – ein übersinnlich Allgemeines, das Handeln und Denken nicht nur im religiösen Kultus bestimmt. Jaspers meinte, dass das Umgreifende in den «Chiffren des Metaphysischen», in Symbolen den Menschen auf Höheres weist als das unmittelbar Gegenständliche, das ihm in der Anschauung gegeben ist. Er nannte es das Umgreifende, weil es in seinen Augen bergenden Charakter hat. Die Wissenschaft erreicht es nicht. In der Philosophie, die sich ihm allein zu nähern vermag, lässt sie den Menschen sprachlos werden und ihn nur noch ahnen, was er nicht mehr unmittelbar versteht. Es ist dasjenige, vor dem auch die Vernunft letztlich stillsteht. Jaspers meinte das Große und Erhabene, das man auch das Übermenschliche nennen könnte, das Wesenhafte, das sich im Leben, in besonderen, grenzhaften Momenten, eben nur in Zeichen zeigt, wenn der Mensch sich auf es einzulassen versteht.

Wenn Neil Postman in seinem Buch *Keine Götter mehr* über das Bergende oder Umgreifende spricht, meint er durchaus nicht Gott. Er nennt es auch nicht mehr das Umgreifende. Aber er könnte Gott meinen, und in seinen Ausführungen über das, was er später als die «große Erzählung» bezeichnet, spricht er oft von Göttern. Er spricht von dem, was erzählt, was weitergegeben, vermittelt, tradiert wird unter den Menschen, und meint damit ein Etwas – metaphysisch oder nicht –, das den Menschen trägt und ihn im Denken und Handeln leitet. Es gibt ihm Maßstäbe, sich zu orientieren. Seine Erzählungen geben dem Menschen kein Ja oder Nein, kein Richtig oder Falsch. Sie geben ihm Bedeutungen.

Anders als Jaspers zielt Postman jedoch mit größerer Kraft, schaffendem Impetus und kreativem Denken auf das *pädagogische* Element. Während Jaspers in philosophischer Erhellung auf das weist, was oft das «Letzte» genannt wird, sucht es

Postman in der unmittelbar unerklärbaren, sich jedoch in einem Bedeutungszusammenhang geborgen wissenden Tat direkt lebenswirklich werden zu lassen. Was der Mensch in der Ahnung eines Umgreifenden tut, hat für ihn echten, lebenswirklich tauglichen Sinn.

Jaspers und Postman beklagen beide, dass ihr Umgreifendes als wirksame Kraft in der Welt im Verschwinden begriffen sei. Und sie machen beide, wenigstens teilweise, den Siegeszug des technischen – oder naturwissenschaftlichen – Paradigmas in diesem Jahrhundert dafür verantwortlich. Jaspers sah es in Atombombe, Weltkrieg und den Folgen der technologischen Revolution verschwinden. Der Fortschritt beweist sich selbst: Er ist gewissenlos, geht über den Menschen letztlich hinweg, hält dieser ihn nicht im Zaum, indem er ihm ein bergendes Prinzip zur Seite stellt. All dies besitzt die Kraft, das nur philosophisch zu Durchdringende, auf das es Jaspers und Postman ankam, vor der Bezauberung durch das Machbare für den Menschen verblassen zu lassen. Nichts übertrifft den Fortschritt an Schönheit und Größe; die kommunistischen Regimes des 20. Jahrhunderts haben eben diese Tatsache glänzend zu nutzen verstanden. Postman sieht die schöpferische Erzählung von den allgegenwärtigen Medien geradezu aufgesaugt, allen voran vom Fernsehen. Sie verschlingen, so seine Aussage, dasjenige, was nur in der Stille und im *Fürsichsein* des Einzelnen zunächst erahnt wird und sich dann in der Begegnung, in der Gemeinsamkeit und im lebendigen Miteinander bestätigt.

Was Jaspers als Essenz eines ganzen Buches festhielt, das formuliert der Zeitkritiker und Philosoph Peter Sloterdijk in einem einzigen Satz. Die Situation zum Ende des 20. Jahrhunderts charakterisiert er trefflich, indem er schreibt: «Die moderne Telekommunikation muss das Umgreifende nachspielen.»[14]

Er meint damit ein eigenes Umgreifendes, das dem Jaspers' ähnelt. Und wie Postman versteht er darunter dasjenige, was in diesen Tagen den Anspruch der Gottgleichheit zu erheben scheint: die Allmacht des Glaubens an die Technik, hier das Vertrauen in die Richtigkeit der Weltumspannung durch die modernen Kommunikationstechniken. Denn diese einen tatsächlich den Globus. «Kommunikation ist alles!», heißt es heute überall. Es scheint fast, als sei ihre bindende und gemeinschaftsbildende Kraft mit der religiösen vergleichbar. Die alltägliche Erfahrung mit den Besitzern neumodischer Apparate und wie sie mit ihren diversen «Gerätschaften» umgehen, die Erfahrung mit denen, die «dazugehören», beweist dies nur zu deutlich.

Der einzelne Mensch fühlt sich aufgehoben in einem solchen übergreifenden Zusammenhang, der dem eigenen Tun Sinn verleiht. Die Maschine wird zum Erlöser, von dem er sich nicht trennen mag, weil sie dem Fluss des Lebens einen Anschein von Ordnung und Funktionalität verleiht. Mit den alltäglichen Apparaten lässt sich Leben regeln und steuern. Die technisch-naturwissenschaftliche Methode hat zunächst die Wissenschaft auf einen soliden, weil geordneten Boden gestellt. Jetzt, so könnte es scheinen, trägt der persönliche Apparat das Ideal des Geregelten und Gleichförmigen in jedes Haus. Besonders deutlich wird diese Gemeinschaftsbildung am Phänomen der «Netzkultur».[15] Der Zwang zur Vernetzung, zur dauernden Erreichbarkeit und Auffindbarkeit, die den Menschen physisch auflöst und ihn portabel macht bis ans Ende der Welt, ist Ausdruck des Wunsches, Teil dieser wundervollen großen Kommunion zu sein, die im Zeichen des technischen Fortschritts die Zukunft *schafft*. Die Möglichkeit, mit jedem reden zu können, obwohl man es gar nicht müsste und obwohl man sich weder für den anderen noch für sich selbst wirklich interessiert, verbindet allein dadurch, dass sie allgemein zugänglich ist, dadurch, dass jeder sprechen kann und spricht und widerspricht und niemals damit aufhören muss. Und sie verbindet durch die mit ihr einhergehenden Sinnzusammenhänge, die ihrerseits auf Bedürfnisstrukturen verweisen. Online heißt «mit dabei». Nicht erreichbar zu sein heißt ungeregelt, nicht funktional optimiert zu leben. Es ist ein «unordentlicher Zustand» in einer Welt, der der Maschinenerlöser diktiert, sie solle geregelt sein und sich ebenso verhalten. Durch den Besitz eines Apparats ist man Teilhaber und Mitstreiter für *eine* Sache. Die wenigsten ahnen, worum es sich dabei wirklich handelt: um ein Ideal, ein Genussmittel, ein Bedürfnis oder einen modernen Fetisch?

Unser neues Umgreifendes aber ist nicht nur deshalb eines, weil es allgegenwärtig materiell den Globus umspannt, sondern weil es, wie wir sahen, mehr als bloß die Arbeitswelt oder einen anderen eng umgrenzten Teil der Lebenswelt umfasst. Es dringt, aus dem Arbeitsleben kommend, immer tiefer in den persönlichen Bereich ein – zunächst in unseren alltäglichen Wahrnehmungsbereich, dann in intimste Sphären (Stichwort Cybersex). Diesen Weg können wir, wenn wir unsere individuelle Lebensführung aufmerksam beobachten, leicht nachvollziehen.

Der Mensch begegnet der modernen Technik heute als Einzelner und in der alltäglichen Umgebung, nicht mehr als Spezialist im Rahmen seines Berufes. Die moderne Technik hat sich im Verlauf ihrer Entwicklung erst der Arbeitswelt, dann der Lebenswelt bemächtigt und sich so in den individuellen Erlebnishorizont vorgearbeitet. Sie hat dem Menschen zuerst die Maschine zur Seite gestellt, dann der Maschine den Menschen zur Seite gestellt, und manches weist darauf hin, dass in Zukunft der Mensch derjenige sein kann, der beiseite gestellt wird. Die Technik der Arbeitswelt hat die Arbeit als dasjenige zersetzt, was sie für den Menschen immer war: Bedeutung im umgreifenden Sinne. Sie hat dasjenige Umgreifende, das zum Beispiel in der Arbeit nicht als Arbeit, sondern als Sinn, als Kraftvolles und Impulsierendes spürbar und erlebbar wird, hinweggefegt.

Unser Alltag betrifft uns mit seinen Erfahrungen wesentlich unmittelbarer als unsere Arbeit, die im Kapitalismus längst von der Freizeit abgekoppelt und häufig gleichförmig geworden ist. Im Alltag haben wir eher Gelegenheit, uns mit den Dingen, die uns begegnen, zu verbinden, uns für das Neue Zeit zu nehmen. Im Beruf hingegen sind wir routiniert im Umgang mit dem Altbekannten. Erst seit wenigen Jahrzehnten dringt Technik in immer neuem Gewand und mit besonderer Kraft in dieses private Leben hinein.

Bis zur Mitte des 20. Jahrhunderts stellten die großen technologischen Entwicklungen eine Form von Technik dar, die in erster Linie bestimmten sozialen Gruppen – dem Arbeiter, dem Ingenieur, dem Wissenschaftler – zugänglich war. Heute konfrontiert eine «verwandelte» Technik den Einzelnen mit ihrer Idee. Die modernsten Technologien, in unzähligen Gerätschaften für jeden erdenklichen Zweck verkörpert, sind nach rund zweihundert Jahren Technikgeschichte keine Phänomene mehr, die auf gesamtgesellschaftlicher Ebene mit dem Blick eines Soziologen untersucht werden können.

Während der Fernseher, das Radio oder das Automobil noch als eine Zwischenstufe auf dem Weg zu dieser neuen Technik betrachtet werden können, ist die moderne Medientechnik eine ganz neue Form von Technik geworden. Heute wird nur die einzelne Persönlichkeit der Maschine *wesensgemäß*, das heißt in ihrer Aufgabe, ihrer Bestimmung, *gerecht*. In der Medizin wird uns das besonders deutlich, wenn wir die Entwicklung von der bloßen Applikation von Techniken auf den physischen Leib des Menschen über die Verwendung spezieller Geräte am Krankenbett bis hin zum persönlichen Herzschrittmacher verfolgen, der im Bedarfsfall heute bereits selbstständig entscheiden darf, wann er eine Reanimation des Halbtoten einleiten muss, und dies gegebenenfalls auch tut.

Oder man denke an die Dominanz der «Medientechnik» heute. Revolutionäre Entwicklungen spielen sich zunächst in dieser Medienindustrie ab – einem Zweig, den es vor wenigen Jahrzehnten noch gar nicht gab. Man denke an einen CD-Player, ein Automobil, ein Mobiltelefon, einen Computer oder all die anderen Produkte der modernen Kommunikations- und Unterhaltungsindustrie. Die Aufgabe der modernsten Technik überhaupt ist die Vereinfachung der Kommunikation. In ihnen ist der kommunikative Mensch und mit ihm die individuelle Persönlichkeit angesprochen, soll sich der individuelle Mensch als *persönlich gemeint* verstehen. Eine vorläufige Zäsur können wir ganz real in der Personalisierbarkeit der Internet-Technik wahrnehmen. Wer heute einen beliebigen Artikel über das Internet «einkauft», muss damit rechnen, nicht nur mit seinem vollen Namen «angesprochen» und begrüßt, sondern auch seinen durch ein Benutzerprofil ermittelten Geschmacksvorlieben gemäß durch das virtuelle Kaufhaus geleitet zu werden.

Technik wird so als persönliche oder personalisierte Technik immer mehr zu einer Frage des Einzelnen an sie («Wie behaupte ich das, was ich bin und was Technik niemals sein wird?») und der Technik selbst an ihn («Du musst dich auf mich einlassen, um mich zu verstehen! Ich fordere Aufmerksamkeit von dir im Hier und Jetzt und von niemand anderem!»). Dieser Frage ist durch eine «umgreifende» Technik nicht auszuweichen. Selbst dort, wo wir von der unmittelbaren Gegenwart der Apparate entbunden sind, können wir uns doch unserer mittelbaren Abhängigkeit von «übergeordneten Apparaten» gewiss sein. Denn Technik ist allgegenwärtiger und als naturwissenschaftliches Paradigma gesellschaftlich wohl dominanter als religiöse Überzeugung oder Weltanschauung. Wo die religiösen Grenzen die Völker trennen, eint das technologisch-wissenschaftliche Paradigma die Menschen.

Technik ist auf diesem Wege individuelle Seinserfahrung geworden. Das wird jeder Teenager der neunziger Jahre sofort bestätigen. Gameboy, Nintendo und Co. konstruieren heute eine neue Form des «sinnvollen» Seins. Die Zukunft wird mit den «wearables» (etwa: «die Tragbaren»), den hoch integrierten, aber dennoch portablen Computern, dem Ideal der «Mobilität» ganz neue Horizonte eröffnen. Diese Geräte werden in ihrer Funktion weit über die begrenzten Möglichkeiten eines Handys, eines Walkmans oder eines Laptops hinausgehen. Gleichzeitig werden sie so winzig sein, dass sie sich im Stoff unserer Kleidung, in unseren Schuhen oder an anderen Orten an unserem Körper verstecken lassen, um von dort aus zahllose Körperfunktionen zu überwachen und zu regeln. Ja, sie werden der Stoff unserer Kleidung, sie werden unsere Schuhe *sein*!

Das heißt: Technik betrifft uns heute sowohl als ideelle Überzeugung als auch in materieller Form in ihren Geräten im *Sein*. Sie ist durch dieses Vordringen in das private Blickfeld subjektive Grenzerfahrung geworden. Ich erfahre mein immer häufigeres Scheitern am unaufhörlich Neuen. Das Hantieren mit Handy oder e-mail ist Seinsvergewisserung. Solange ich bedienen kann, nehme ich teil an der «umgreifenden» Idee. Solange ich teilnehme, bin ich Mittelsmann *einer* Weltanschauung.

So wird die Frage «Wie leben mit Technik?» zu einer tiefen und außerordentlichen Frage, wird sie in Ehrlichkeit gestellt. Sie fragt, wie wir in einer technischen Lebenswelt morgens die Augen öffnen und den ersten Gedanken denken. Sie fragt, wie wir mit Technik arbeiten, die Freizeit verbringen, zur Ruhe kommen, den letzten Gedanken denken, einschlafen. Sie fragt, wie wir mit Technik Stille finden, nichts tun, etwas tun, wie wir allein, wie gemeinsam etwas mit Technik tun. Sie fragt: Wie geboren werden mit Technik? Wie überleben mit Technik? Wie heranwachsen und erwachsen werden mit Technik? Wie lieben, wie alt werden mit Technik? Wer die Technisierung der Lebenswelt fordert, der fragt auch in Konsequenz: Wie sterben mit Technik?

In der Vergangenheit, ohne diese Form der Technik, sind

solche Fragen anders beantwortet worden, als es in der Zukunft der Medienwelt noch möglich sein wird. Der Mensch, der gelernt hat, durch die Entwicklung des technischen Prinzips planvoll und zweckorientiert zu handeln, hat auf die Bilanz dieser Entwicklung, die infolge der industriellen Revolution ganze Berufsstände ausgerottet und Arbeiterklassen in menschenunwürdige Lebensumstände gestürzt hat, mit dem Entwurf der Reißbrettgesellschaft geantwortet. Ob dies im Sozialismus, im Kommunismus oder im Kapitalismus geschah, Ziel war es immer, Abhängigkeit und Joch durch gesellschaftliche Manipulation zu überwinden oder die Unterschiede wenigstens zu glätten. Das war eine gesamtgesellschaftliche Antwort. Es war und ist eine eigentümliche Form des maschinenhaften Planens, die den Menschen nun auch wieder «planvoll» in die Zukunft führen will. Man will die Zukunft mithilfe der neuen Techniken für eine ideale Zukunftsgesellschaft «bauen».

Dabei vergisst man, dass der Einzelne durchaus nicht nur Nutzer, sondern auch Opfer der Technik ist, nicht mehr eine soziologisch klar zu beschreibende Gruppe. Der Einzelne, nicht die Klasse, stellt sich die Frage: Wie komme ich aus mit der Technik, die mir heute gar als Gefahr droht? Heute kann die Antwort darauf keine gesamtgesellschaftliche mehr sein. Sie kann nicht «von oben» kommen, und sie wird nicht darin bestehen, dass das Internet der Dritten Welt die demokratische Erlösung bringen werde. Die Vorgänge, die in Zukunft in der Medienwelt wirksam sein werden, wird niemand tatsächlich zu lenken vermögen; der Fragende ist gleichzeitig als Erlebender letztlich allein.

Deshalb ist der Grund für unser Fragen nach den Folgen

von Gentechnik, Biochips und künstlichen Organen in der Zeit der unmittelbaren Begegnung mit dem technischen Wesen zunächst auch nicht ethisch-moralischer Natur. Vielmehr ist es Ausdruck unseres Wunsches nach persönlicher körperlicher, seelischer und geistiger Unversehrtheit. Nicht um *allgemeine* ethische Prinzipien geht es beim individuellen Ja oder Nein zur Gentechnik. Die Frage ist nicht, ob wir etwas «dürfen», sondern was aus *uns* wird, öffnen wir der Technik die Tore zu Körper und Geist. Wir sind besorgt um die eigene körperliche, seelische und geistige Integrität. Auch unsere Einstellung gegenüber der globalen Vernetzung oder der Computertechnik in der Schule wird nicht von solchen allgemeinen Ethikprinzipien bestimmt, wir fragen, weil wir uns selbst vernetzt und eingebunden sehen in einen unverständlichen, fremden und abweisenden Zusammenhang. Wir wollen uns letzte Kräfte bewahren, Kräfte, die uns erst die Fähigkeit zur Intimität schaffen. Diese Intimität scheint uns selbst gefährdet. Denn Technik überwindet die letzten Grenzen: die der körperlichen, seelischen und geistigen Unversehrtheit. Wir fragen: Was bleibt von Seele, Geist und Körper, wenn der Mensch ganz Prothese oder ganz zum Datenstrom, wenn er kopierbar und löschbar geworden ist? Es ist heute selbstverständlich, dass Körperteile und Organe ausgetauscht und verpflanzt werden können. In Zukunft sollen diese «Ersatzteile» tierischen Ursprungs sein. Wir fragen: Was wird das für ein Mensch sein? Vielleicht ist es die Angst vor der Allgegenwart der geregelten und regelnden Macht, die drauf und dran ist, ihrem Ideal zu unterwerfen, was uns intuitiv nicht regelbar scheint. Die augenblickliche Diskussion ist ein Ausdruck des Wunsches des einzelnen Menschen, sich selbst nicht so einfach preiszugeben, nicht so billig zu verkaufen, wie es der «fortschrittliche» Gang der Dinge für ihn vorgesehen hat.

Für den hier zu schildernden Zusammenhang ist es nicht nur bedeutsam, dass Technik im Leben des Einzelnen eine besondere, eine neue Rolle spielt, sondern auch, dass sie als solche heute eine andere geworden ist. Wir haben es mit einer Technik zu tun, die vom gesellschaftlichen Faktor zur persönlichen Frage der individuellen Lebensgestaltung geworden ist. In der Diskussion um die moderne Apparatemedizin sind uns Fragen dieser Art, in denen jeder für sich allein entscheiden muss und in denen jede an ethischen Konventionen orientierte Antwort fehl am Platze wäre, deutlich gegenwärtig.

Unsere Einsicht ist: Leben meint nicht mehr Leben, seit sich der Geist der technologischen Machbarkeit seinen Weg durch die Lebenswirklichkeit des Alltags bahnt, und dies stellt den *individuellen* Menschen vor besondere Fragen, die noch vor fünfzig Jahren undenkbar gewesen wären. Das ist heute nahezu jedem bewusst: Die Welt steht an der Schwelle vom «elektrischen» zum «digitalen» Zeitalter. Die «digitale Revolution» wird gefeiert. Genauer besehen müssen wir sagen, dass der Mensch in der Konfrontation mit dieser Technik an der Schwelle zu einem neuen Selbstverständnis steht. Es wird ein medial vermitteltes sein. Denn die Medien werden es sein, die in Zukunft unser Bild von der Welt formen und die Weise, wie wir *einander in ihnen* begegnen.

4. Ethik der Technik

«Seit ihren Anfängen ist Technik durch-
drungen von ideellen, abergläubischen
oder transzendentalen Motiven, und der
Glaube, sie sei eine rationale Gegen-
instanz zum Mythos, ist ihrerseits ein
Mythos.»

H. D. Mutschler [16]

Nichts ist für den modernen Menschen erhebender als der
Anblick der Maschine, welche die gestellte Aufgabe schneller,
gründlicher und effizienter ausführt, als er selbst es je könnte.
Denken wir an unser eigenes Staunen vor den leibhaftigen
Wundern der modernen Humanmedizin, dann fällt es uns
leicht, uns vorzustellen, wie ein «Fachmann» sich fühlt, der
mitgebaut, mitgedacht, mit durchlebt hat, was letztlich seine
Arbeit ganz allein versieht. Diese Empfindung ist Motor und
Leitstern allen Forschens und Entwickelns; eine Aufgabe
solchermaßen zu lösen ist höchstes Ideal der naturwissenschaftlichen Idee. Es ist eine eigentümliche Faszination, die
eine solche Konstruktion ausstrahlt.

Der französische Philosoph La Mettrie führte 1748 in seinem Buch *L'homme machine* das Wesen des Menschen einzig
auf das ausgewogene Zusammenwirken einzelner Organe zurück und stellte ihn damit als wohldurchdachte Maschine dar.
Die Bestandteile des Körpers und ihre Harmonie hätten in
ihrer Funktion durchaus nichts Göttliches an sich. Obwohl er
mechanistisch argumentierte, anerkannte er doch die Kunstfertigkeit, mit der er den Menschen «verfertigt» sah. Er wurde

von seinen Zeitgenossen konsequent des Atheismus beschuldigt. Er habe die Schöpfung «Mensch» von ihrem «gütigen Schöpfer» getrennt, diesen geleugnet und verfechte nun einen puren Materialismus, der jeden Geist in der Materie ablehne.

In einer Zeit, in welcher der göttliche Geist im Denken der Mechanisten noch gänzlich mit dem Wunder der Maschine, besonders der Maschine Mensch, in Verbindung gebracht wurde, hebt sich La Mettrie heraus. Die tiefe Verehrung der Mechanisten gegenüber dieser Wundermaschine ist tatsächlich aber eine Verehrung des Wunders Gottes. Denn irgendjemand musste die Maschine ja geschaffen haben. Diesem Schöpfer gebühre folglich die größte Ehre des genialen Konstrukteurs. Die Mechanisten schufen ein klassisches Bild. Gemäß der Idee der wohlkonstruierten Uhr habe Gott die «Mensch-Maschine» einst geschaffen. Nun erhalte sie sich selbst vermöge ihrer inneren Gesetzmäßigkeit.

Sprachen die Mechanisten von der Maschine also reduktionistisch, das heißt ohne Rückgriff auf einen in ihr wirkenden Geist, so meinten sie doch in Wirklichkeit nicht die Maschine selbst als Gegenstand. Sie sprachen vielmehr von dem Wunder ihrer Perfektion und Schönheit, das wiederum nur von einem großen, mächtigen und vernünftig räsonierenden Wesen geschaffen worden sein konnte. Wie sollte denn ein unvernünftiges Wesen etwas derart Wundervolles schaffen können?

Den Mechanisten war noch nicht bewusst, was wir – quasi aus Erfahrung – wissen: In der Welt, in der alles funktionieren muss, damit die Welt funktioniert, ist nichts überzeugender als die Macht des Funktionalen. Für die Mechanisten war die Maschine nicht isoliert zu betrachten. Sie war vielmehr eingebettet in einen allumfassenden Sinnzusammenhang. Ist die Maschine auch seelenlos, so ist eine solche Konstruktion doch in einer seelenlosen Welt undenkbar. Für uns hingegen gilt, dass nichts ästhetischer ist als eine funktionierende Konstruktion. Für uns ist die Maschine ein Prinzip, die Manifestation einer technischen Idee.

Der Philosoph Gottfried Wilhelm Leibniz (1646–1716) hat in seinem Weltbild, das er bis 1689 in seinem Buch *Discours de la Métaphysique* und *La Monadologie* ausführlich darlegte, den Menschen als bewundernswerte «Uhr» noch direkt mit einem personalisierten Gott in Verbindung gebracht. Er schuf so einen vollkommen harmonischen, weil perfekt konstruierten Weltzustand, der trotzdem seines allmächtigen Schöpfers nicht entbehren musste. Er sah in ihm den besten aller möglichen Zustände, die Gott hätte erschaffen können. Denn wie, wenn Gott tatsächlich allgewaltig und allvernünftig ist, wäre es denkbar, dass wir nicht in der besten aller möglichen Welten lebten? Dass es sich bei dieser Welt um ein vollkommenes Wunder außerordentlichen Ausmaßes handelt, das die höchste Ehrfurcht des Menschen verdiene, ist die notwendige Folgerung.

Die Denker der Mechanisten waren vom Wunder der Maschine Mensch so eingenommen, dass sie trotz ihrer Maschinenhaftigkeit nicht umhin konnten, als ihren Schöpfer ein geniales, vernünftiges Wesen anzunehmen. Sie sahen in der Menschmaschine den Fingerzeig auf ein Höheres, das sie nicht verstanden. Es musste prinzipiell anders sein als alles, was der Mensch sich vorstellen konnte.

Diese Auffassung war jedoch nicht nur für vergangene Zeiten typisch; sie hielt sich bis ins 20. Jahrhundert, denn jetzt erst rückte Technik als Gestaltungselement unserer Lebenswelt ins Zentrum unserer Aufmerksamkeit. 1927 schreibt der Naturwissenschaftler und Philosoph Friedrich Dessauer über das Wesen des Technischen, das er tief in einem göttlichen, nicht näher zu beschreibenden Reich der Ideen begründet sieht: «Aus den Tiefen des Seins, das noch nicht Form, doch seines Gesetzes versichert, Aeonen durchläuft, ruft uns Erschauernde zum Vollzug der Schöpfer.»[17] Er begreift Technik als «ein großes Erlösungslicht, das vom Geistesgewölbe gleich wie vom Himmelsdome einrieselt».[18]

Heute können wir über solch inbrünstiges Pathos nur milde lächeln. Am Ende des Jahrhunderts ist Technik für uns nicht mehr «der Bote Gottes».[19] Wir haben eine sehr viel nüchternere Haltung zu ihr und ihren Produkten. Ihr «Wundersames» ist für uns zwar immer noch nicht verschwunden, mit dem «Wunder» in der Maschine ist es aber dennoch vorbei. Weder sehen wir in ihr noch ein Höheres wie La Mettrie oder Leibniz, noch scheinen wir uns von ihrer Faszination emanzipieren zu können. Jeder kennt die Diskussion um das Thema «Computerfaszination» und weiß vermutlich aus eigener Erfahrung, welch magnetisierende Wirkung ein hoch komplexes technisches Gerät auszustrahlen vermag, dessen Funktionsweise es zu verstehen gilt. Wenige sind gegen diesen Effekt immun. Und in der Computerbranche und im Internet gibt es, wie wir noch sehen werden, mehr als irgendwo anders die Möglichkeit, dieser Faszination ausgiebig zu frönen.

In unserem maschinellen Alltag haben wir uns daran gewöhnt, in Superlativen zu denken und die Welt der Technik als einen großen Superlativ wahrzunehmen. Was Technik schafft, ist großartig und allenfalls durch ihr eigenes Wunder zu überbieten. Ihr Fortschritt ist genug ideologischer Zündstoff für zahlreiche Auseinandersetzungen. Sein charakteristischer Zug ist die im Apparat praktisch verwirklichte theoretisch-naturwissenschaftliche Methode. Das technisch ausgeklügelte Gerät macht uns den Fortschritt gegenständlich Es scheint heute, dass die Konstruktion eines neuen Apparats oder die Entwicklung einer Technologie allein deshalb wünschenswert ist, weil sie ideell geschaffene Sinnzusammenhänge befriedigt. Und dennoch schaffen wir es nicht, uns mit distanzierter Manier an den praktischen Möglichkeiten der modernen Maschine zu orientieren. Stattdessen haben wir den Fortschritt so weit getrieben, dass sich die moderne Technik in den vergangenen einhundert Jahren ganz besonders den Sektor der Unterhaltung erobert hat. Unzählige Geräte sorgen heute für unser Wohlbefinden, ohne einen anderen praktischen Nutzen zu erfüllen. Neil Postman betitelte ein Buch: «Wir amüsieren uns zu Tode.»[20] Der äußere Maßstab, wie er bei den Mechanisten noch vorhanden war, wurde durch die Bezauberung ersetzt, die genossen werden will, aber die nicht mehr bewundern kann und längst keine Zusammenhänge mehr versteht. Wer bezaubert ist, ist unfähig zu verstehen.

Aber sehen wir genau hin, dann müssen wir feststellen, dass eigentlich alle Versuche, zu einem Auskommen des Menschen mit der Maschinenwelt zu gelangen, tatsächlich eine Suche nach ethischen Grundsätzen für ein solches «Miteinander» darstellen. Das gilt sowohl für die Versuche, Medienkompetenz im Kindergarten und in der Schule lehrbar zu machen, als auch für all die ehrgeizigen wissenschaftlichen Projekte. In den Medienwissenschaften ist man bemüht, durch die Zusammenführung von Soziologie, Psychologie und Philosophie zukunftsfähige Konzepte für den Umgang mit Problemen wie der vorsätzlichen Manipulation von Informationen zu erarbeiten. An vielen Universitäten findet sich innerhalb der Geisteswissenschaften ein Lehrstuhl «Medienphilosophie». Amerika spricht gar von einer «Ökologie der Medien» («Media Ecology»). Wir kennen die Arbeit der «Kommissionen für Technikfolgenforschung». Jedes Krankenhaus verfügt heute über «Ethikkommissionen», die nicht nur die Zulassung von möglicherweise problematischen Arzneimitteln überwachen, sondern die Tätigkeiten eines jeden medizinisch Tätigen am Patienten selbst kritisch prüfen und ethisch bewerten. Allen ist in der Tat der Wunsch gemein, Anhaltspunkte zu geben, wie der Mensch sich in der mit viel zu großem Tempo über ihn hereinbrechenden Medienwelt zurechtfindet. Allein die Frage, inwiefern sich durch Medieneinfluss unser Wahrnehmen der Welt verändert, füllt Kongresse.

Weil die Maschinenwelt immer stärker vom Lebensumfeld des Menschen assimiliert wird und, wie wir sahen, immer stärker zu einer persönlichen Herausforderung wird, scheint es nicht zu hoch gegriffen, hier tatsächlich von ethischen Grundsätzen zu sprechen. Denn benutzen wir heute noch zumeist die Geräte, so besteht die Gefahr, dass wir in nicht allzu ferner Zukunft selbst die vom wuchernden Maschinenmoloch Benutzten sein werden – wie häufig ist nicht schon erkennbar, dass wir das bereits sind. Die Problematik um die Manipulierbarkeit von Bildern beispielsweise weist auf die Bedeutung, die solchen Fragen in Zukunft im Bereich der Medien zukommen wird. Es werden neue Dimensionen in

Bezug auf Vortäuschung und Manipulation, also vorsätzliche Konstruktion von Inhalten unserer Wahrnehmung zum Zwecke der Meinungssteuerung und -beeinflussung, geschaffen.

Darüber hinaus werden wir uns im neuen Jahrtausend mit zahlreichen neuen Fragen auseinander setzen müssen, die sich aus der Mensch-Maschine-Symbiose mit Zwangsläufigkeit ergeben werden. In einer Diskussion, ob eine Maschine eine Seele besitze, antwortete der Psychologe Dietrich Dörner kürzlich auf die Frage, ob es wohl eines Tages hier einen Bedarf nach Regeln und Gesetzen geben werde: «Das wird mit Sicherheit kommen, dass wir solchen Systemen gegenüber auch moralische Regeln entwickeln.»[21] Bezog sich Dörner auch nicht direkt auf die von uns verhandelten Fragen, so wird doch der Hintergrund seiner Argumentation sofort deutlich: Der Mensch wird mit der Maschine einen derart intimen Lebenszusammenhang eingehen, dass er um die Frage einer Ethik der Technik nicht herumkommt.

Diese Medienwelt wird in Zukunft die Grundlage dafür bilden, wie die Menschen mit den Maschinen interagieren. Es scheint gerechtfertigt, nicht nur von den Medien, sondern tatsächlich von einer Medienwelt zu sprechen. So unausweichlich, wie uns heute der Fernseher und das Radio zu sein scheinen, so unausweichlich wird in wenigen Jahrzehnten das Internet beziehungsweise die Netzwelt im Allgemeinen geworden sein.

Wenn es also zutrifft, was wir in diesen ersten Kapiteln vermuten wollen, dass die Begegnung des Menschen mit der modernen Technik einerseits in der alltäglichen Lebenswelt und andererseits in der individuellen Auseinandersetzung stattfindet, dann hat diese Ethik der Technik eine hohe Aufgabe. Noch höher scheint das Ziel gesetzt, sich bewusst zu werden, wie notwendig Überlegungen zur Zukunft des Menschen in der Medienwelt sind, die auf diesen beiden Elementen fußen. Das in Bezauberung und Rationalismus gespaltene Verhältnis des Menschen zu seiner Technik verhindert, dass er sich eben das als *Forschungs-*, als *Zeitfrage* vor sich hinzustellen vermag, worauf es tatsächlich anzukommen scheint: das lebendige, manchmal fruchtbare, manchmal fatale Verhältnis zwischen Mensch und Technik, das einzig in ihrer bewusst erlebten Begegnung zutage treten kann.

Wenn wir genau beobachten, dann erkennen wir bald, wie selten die Gelegenheit besteht, uns dieser Begegnung distanziert bewusst zu werden. Üblicherweise treibt uns unser alltäglicher Umgang mit den Apparaten von der bezauberten Faszination in die naturwissenschaftliche Ratio, indem wir uns in jener jedem Genuss hinzugeben gewillt sind, um in dieser über den Hedonismus und unsere hemmungslose Genusssucht zu räsonieren. Während wir in der rationellen Überlegung die Maschine als technisches Phänomen, als Methode, Algorithmus, System oder Schema in den Blick nehmen, schauen wir in der Bezauberung durch den Apparat quasi auf eine dunkle, leibliche, menschliche Seite. Es sei, wie es wolle: Entweder stellen wir die Maschine (in ihren Wirkungen) in den Mittelpunkt unserer Überlegungen oder den Menschen (mit seinen Vorurteilen, Schwächen und Verführbarkeiten).

Ethik ist für uns zudem heute noch moralischer Maßstab. Sie weist auf dasjenige, was das Handeln des Menschen führen und leiten soll, üblicherweise im Gegensatz zu ihrem tatsächlichen

Handeln, den üblichen Überzeugungen. Beträfe diese Ethik eine Person, die sich in der Begegnung mit einem eigenständigen Wesen weiß, so dürfte sie nicht nur Regeln geben, sonst würde sie dem Verhalten des Menschen ein Korsett anlegen. Wie können solche Maßstäbe für mehr als eine Person zugleich gelten? Wenn jedoch stimmt, was wir vermuteten – und wir werden das noch weiter ausführen müssen –, dann kann es in unserer Betrachtung über die Zukunft des Menschen in der Medienwelt nicht darum gehen, ein Set von Maßstäben dieser Art zu fordern. Das scheint mir zu einfach. Wir müssten vielmehr untersuchen, was mit der humanen Individualität des Menschenwesens in der Medienwelt geschieht und geschehen wird, und auf dieser Basis zu angemesseneren Urteilen kommen. Wir wollen hier untersuchen, wie diese aussehen können.

Wir können schon jetzt erkennen, dass wir zum Thema «Erfahrbarkeit von Technik» Näheres werden sagen müssen. Und es kann uns sofort einleuchten, warum wir uns im Folgenden mit den Medientechniken werden befassen müssen. Denn die Medien, deren Mission es ist, den Menschen als den kommunikativ-kosmopolitischen Mediennutzer neu zu erschaffen, stellen tatsächlich die Zukunft der Technik dar, mit der wir es im Alltag zu tun bekommen werden. Die Medienwelt führt einerseits die Entwicklung der «persönlichen» oder personalisierten Technik im vernetzten, aber dennoch einsamen Internet-Nutzer auf eine konsequente nächste Stufe; das Internet ist kein Werkzeug zur Lösung einer bestimmten klar definierbaren Aufgabe, sondern Lebens- und Erlebnisumfeld. Andererseits wird sie das Hereinwachsen der Technik in die Lebenswelt und das Eingewöhnen des Menschen in den total technisierten Lebenszusammenhang befördern.

II.

Das Gesicht eines Zeitphänomens

5. Der benutzte Nutzer

«Zischt, prickelt, erfrischt!»
Werbung von Microsoft zu einem
Programm für den Internetabruf

Sowohl die Welt der Computertechnik als auch die der Kommunikation und des Internets im Besonderen sind derzeit Schlachtfelder eines Vorgangs, der üblicherweise als die «digitale Revolution» bezeichnet wird. Wenig erfährt dabei der Laie; wenig scheint tatsächlich anschaulich nachvollziehbar zu sein. Wo und was wird da revolutioniert? Hier in den modernsten aller Medien könnten wir, so wird uns versprochen, das Revolutionäre des technologischen Umbruchs am nachhaltigsten erleben, wenn wir uns auf die Datenreise begeben. Wollten wir an den wahrhaft bahnbrechenden Fortschritten, die unser zukünftiges Leben mitbestimmen werden, teilhaben, dann müssen wir ins Internet. Tagtäglich werden wir mit Versprechungen dieser Art bombardiert, und es gehört nicht viel dazu zu vermuten, dass das Zeitphänomen «Internet» sich in Wirklichkeit vielleicht ganz anders darstellt, als es in der Werbung angepriesen wird.

Zu den beliebtesten dieser hochtrabenden Vorstellungen über das Gesicht der Netzwelten gehört deren mehr oder weniger vollkommene Abkoppelung von der realen Welt. Das Internet sei wie eine Insel im Meer «realer» Gewöhnlichkeit. Weil es virtuell sei, sei es über die räumlichen und zeitlichen Zwänge erhaben, stelle eine neue Form des «Netzlebens» dar und werde so für eine neue Subkultur zum futuristischen

Lebensraum werden. Wir sind es längst gewohnt, diesen Unterschied zwischen virtueller und realer Welt zu machen, haben diesen Begriff in unseren alltäglichen Wortschatz aufgenommen.

Häufig wird dabei suggeriert, dass das Internet nicht nur in technischer Hinsicht eine «andere Welt» darstelle, sondern auch in ideeller vollkommen von der realen verschieden sei. Ein Beispiel hierfür ist die bekannte Euphorie, die manche Visionäre überkommt, wenn vom Siegeszug der Demokratie in den östlichen Ländern dieser Welt die Rede ist. Das Netz solle der Demokratie selbst in menschenverachtenden Regimes zum Durchbruch verhelfen, den demokratiefreundlichen Kräften wahrhaft subversive Macht verleihen. Das sei möglich, weil auf virtuellem Wege politische Grenzen überwunden und geografische Hindernisse belanglos werden.

Aber unser in Bezauberung durch den Fetisch und objektive Vernunft aufgespaltenes Verhältnis zur Maschine stellt sich hier im virtuellen Raum in der Tat ganz so dar, wie wir es aus der «realen» Welt gewohnt sind – allerdings mit einer ganzen Fülle von Möglichkeiten, das problematische Verhältnis des Menschen zur Maschine in noch mehr Zwänge und Abhängigkeiten zu führen, als wir sie heute schon aus der uns bekannten Medienwelt kennen. Die Idee der geläuterten Enklave ist ein Trug. Ihre großherzigen, allen Meinungen offenen demokratiefreundlichen Bewohner gibt es nicht. Die Netzwelt als utopischer Ort einer «besseren Welt» ist eine Illusion.

Machen wir uns klar: Täglich erleben wir, dass wir in unserer konsumorientierten Welt Bedürfnissen ausgesetzt sind, von denen wir eigentlich nicht sagen können, dass es «echte» Bedürfnisse wären. Sie stammen nicht aus uns, wir haben sie nicht selbst als dringend empfunden, sondern sie werden durch Apparaturen oder Erlebnisse erst in uns erregt. Sie dringen von außen an uns heran, heute vorzugsweise über Medien wie das Radio oder das Fernsehen. Ereignisse wie die gerade vergangene Jahrtausendwende werden gern mit solchen Scheinbedürfnissen gekoppelt, die leicht sinnstiftend, bedeutungstragend für uns werden können. Es wird uns suggeriert, wir bedürften der «Brille der Technik» zum wahren und echten Erleben dieser Ereignisse. Das heißt, im Internet erlebt, werde die Jahrtausendwende erst richtig schön.

Unsere Nutzung der Medien selbst ist freilich ebenso ein derartiges Bedürfnis. Wer heute den Fernseher, das Radio oder gar die Zeitung abschafft, wird als Außenseiter und Eigenbrötler verlacht. «Man muss doch informiert bleiben …» Vermutlich sind aber diese medialen Nein-Sager, von denen es allein 1,8 Millionen in Deutschland gibt, die Einzigen, die sich die Frage nach dem Sinn dieser technischen Segnungen in ihrem persönlichen Leben ernsthaft gestellt haben. Üblicherweise lässt sich der Rest über diese Medien tagtäglich mehr oder minder machtvolle Bedürfnisse «unterjubeln».

Die Werbeindustrie für Produkte und «Events» weiß, dass es darauf ankommt, zunächst ein Bedürfnis zu erwecken, bevor die Präsentation des eigenen Produkts beginnt. Es geht deshalb auch nicht darum, ob jemand überhaupt Verwendung für eine Mikrowelle mit Direktverbindung zur nächsten Bank hat. Die Industrie weiß ganz genau, dass es für ein solches Gerät keinerlei Bedarf gibt, obwohl es derzeit in Amerika eingeführt wird. Anstatt jedoch auf dessen Entwicklung zu verzichten, gibt man bereitwillig zu, dass das Gesetz des Marktes dazu zwinge, neue Märkte, das heißt neue Scheinbedürfnisse, mit Milliardeninvestitionen erst zu *schaffen*, bevor das Produkt dann selbst zum Renner werden kann.

Ist das Bild («Image») des voll vernetzten Nutzers in der Medienwelt erst überzeugend gemalt, finden sich potenzielle Käufer für Produkte und Leistungen, die diesen erschaffen, ganz von selbst. Es ist heute keine Kunst mehr, den Haushalt oder auch das noch so private Leben mit eigentlich unnützen Dingen anzufüllen. Es geht nicht um sachliche Informationen, sondern um das Spiel mit den Wünschen und Trieben des Mediennutzers. Die Zukunft wird uns Mikrowellen bringen, die gleichzeitig Bankgeschäfte erledigen, oder Kühlschränke, die selbstständig einkaufen, selbst wenn der nächste Supermarkt keine zwanzig Schritte entfernt ist. Bedeutungslos ist, ob wir dieser Geräte tatsächlich bedürfen, es kommt einzig darauf an, ob damit Profit zu machen ist. Alle diese Geräte befinden sich bereits in der Entwicklung.

Aber die damit angesprochenen Bedürfnisse sind schale Abbilder, vergleichen wir sie mit «echten» Bedürfnissen, die wir selbst erleben, die wir in uns erzeugen. Sie können uns leiten und führen in dem, was wir tun, weil wir wissen, warum sie gut für uns sind, denn wir haben ihre Entstehung «durchlebt». Wir haben uns diese Einsicht in einem Erkenntnisakt erarbeitet. Im Gegensatz dazu wissen wir in der Medienwelt üblicherweise genau, dass wir tatsächlich in unseren Wünschen missbraucht werden. Unser Verhalten ist also, geben wir der Befriedigung unserer Bedürfnisse nach, dabei Ausdruck einer Hingabe. Es ist die Hingabe an einen Mythos, in unserer Zeit an den «Mythos Maschine». Neil Postman hat diese technologischen «Fetische» vor einigen Jahren unsere «falschen Götter» genannt und die vermeintliche Sicherheit, mit der wir uns auf sie einlassen, den «technologischen Determinismus».[22] Die Welt des technologischen Fortschritts gibt sich selbst ihre Regeln; es kommt, wie es kommen muss. Hans Mutschler hat das in einer Arbeit als das «Hereinragen des Ideellen», des triebhaften und leiblich motivierten Wesensteiles des Menschen, charakterisiert.[23] Es ragt in das von uns als Nutzern geforderte helle Bewusstsein herein. Denn eigentlich verschafft uns allein dieses, das wissen wir, die nötige Distanz, den Wert von Gerät und Ideal zureichend zu beurteilen. Postman und Mutschler gehen so weit, dass sie von «Ersatzreligionen» sprechen, die technologische Sinnzusammenhänge für uns heute sein können.

Wir merken selten, wie wir diese Selbstverständlichkeit, mit der wir uns dem allzeit Modernen nähern, ohne uns vorher gefragt zu haben, ob es für uns eine Bereicherung darstellt, in vielerlei Weise auf unsere *tatsächlichen Ideale* übertragen, die wir weitergeben möchten. Die Pädagogik, die wir unseren Kindern heute angedeihen lassen möchten, ist das beste Beispiel. Es ist bemerkenswert, mit welch einer Sicherheit wir zu wissen meinen, was gut für unsere Kinder ist, während wir selbst größtenteils noch nicht verstanden haben, worum es tatsächlich geht, wenn wir hingerissen sind von den Möglichkeiten, die uns die neue Medienwelt zu bieten verspricht. Wir scheinen außerordentliches Vertrauen in unseren Nachwuchs zu haben, wenn wir ihm die Bürde all der Fragen unbedacht übertragen zu können glauben, die eigentlich noch unbeantwortet sind. Eltern, denen das Verständnis für die möglichen Folgen eines intensiven Umgangs mit Hochtechnologie vollkommen fehlt und die selten genug selbst einen Computer bedienen können, verlangen, dass dieser in der Schule eingeführt werde. Und das auf die bloße Vermutung hin, dass es sich dabei um ein irgendwie geartetes Etwas handeln müsse, das die Welt bereits revolutioniert habe oder dies früher oder später tun werde. Lehrer, die sich zumeist derjenigen Konzepte bedienen, die von Computerfirmen erarbeitet wurden, gehen ein «Trial-and-Error-Spiel» ein, um «mit der Zeit» zu gehen. Pädagogen geben Vorschläge zur praktischen Gestaltung eines obligatorischen Computerunterrichts, ohne sich in den meisten Fällen über dessen unmittelbaren Sinn für die augenblickliche Entwicklung des Kindes vergewissert zu haben.

Die Medienzukunft wird es dem Menschen als Mediennutzer nicht einfacher machen, sich von dieser leiblichen Seite seines Begegnung mit der Maschine zu befreien. Das Internet wird dann aber bereits eine ganz neue Bedrohung darstellen. Nicht weil es ganz anders ist als die Medien, die wir heute kennen, sondern weil es ihnen in viel zu vielen Aspekten so erschreckend ähnlich ist. Weil es unser Verhalten, das wir von den bekannten Medien her gewohnt sind, verstärkt und uns auf einer ganz anderen Ebene revolutionäre, neue Möglichkeiten bietet, es ungehemmt auszuleben.

Jeder hat schon von der berüchtigten Zügellosigkeit gehört, die im Internet herrschen soll. Es präsentiert uns eine stofflose Welt, in der wir uns ähnlichen Bedürfnissen hingeben können, wie wir sie heute mit den Mitteln der Unterhaltungsindustrie erleben können – mit weitaus fataleren Folgen. Denn in der «realen» Welt wirken Mechanismen, die uns zügeln und gegebenenfalls gewaltsam beschränken, Mechanismen, die außerhalb des Zwangs selbst liegen. Hier kennen wir soziale Sanktionen, die greifen, wenn wir die Kontrolle über uns und unser Verhalten verlieren. Wir agieren in dieser Welt als soziales Wesen, in einem sozialen Gefüge aus Konventionen und Regeln, die wir unbewusst befolgen.

Denn das Internet reduziert zunächst die Wahrnehmung. Egal, wie hoch entwickelt auch die Möglichkeiten der Datenübertragung einmal sein werden, derzeit stellt die Begegnung im Internet ein radikal ungewohntes Erlebnis dar. Wir können den anderen Menschen nicht auf die Weise gegenübertreten, wie wir es gewohnt sind. Die bekannte scheinbare Uniformität der Personen in der Netzwelt und die Anonymität ihres Auftretens sind die Folge.

Leicht wird deutlich, wie das Internet auf diesem Wege noch verführerischer zu wirken vermag als die Medien, die wir kennen. Der Nutzer ist von allem fasziniert und wird darauf konditioniert, von allem fasziniert zu sein. Denn nur was die Sinne über Gebühr reizt, kann in einer Datenwelt, die lediglich die eigentlich sympathielose Information kennt, überhaupt von Interesse sein. Durch diese Methode, das Netz zum «Lifestyle» zu stilisieren, gilt das Internet heute als die Verkörperung des «Erlebnisses Technik». Hinzu kommt, dass es die Regularien der gegenseitigen Kontrolle zunächst aufhebt. Es wird so zu einer ideologischen Diaspora und dabei gegenüber der Ideologie selbst vollkommen flexibel. Wer eine Ideologie vertritt, ist im Grunde nicht zu ermitteln, als Urheber aber auch uninteressant, wo nur die reine Information existiert. Das Internet stellt einen Ort zur Verfügung, an dem das Ausleben von Bedürfnissen ganz besonderer Art ohne die Drohung unmittelbarer Repressalien möglich ist. Es ist eine Bedürfnisspielwiese für die Persönlichkeit, deren Triebe und Volitionen hier völlig freies Feld haben. Der Nutzer kann diese auf verschiedene Weisen ausleben, und er wird die Auswirkungen auf verschiedene Weisen zu spüren bekommen. Er kann dies in der Konversation mit seinen «Mit-Surfern» (Kommunikation) tun, in seinem Verhältnis zu angebotenen Waren und anderen Gütern (qualitativer Informationsverfall) oder in seinem Verständnis von deren Wert und Bedeutung (Valenz von Information/Unterhaltung). Der Wert der individuellen, als subjektiv empfundenen Wertungsinstanz des Ich, das auf Datenreise geht, wird ihm immer mehr abhanden kommen, weil er den Drang verspürt, immer neuen Trends und Angeboten zu folgen. In der schieren Unendlichkeit der Beliebigkeit verliert er sich selbst als Mittelpunkt der ideellen Orientierung und Maßstab dieser Angebote aus den Augen. Wir könnten sagen, dass diese Persönlichkeit von einem Trend in den anderen getrieben wird. Sie wird von einem scheinbaren Ideal zum nächsten Ideal gedrängt, aber sie gelangt niemals tatsächlich zu einem wirklichen Bewusstsein des Spiels, in dem sie eigentlich nur unfreiwillige Marionette ist.

Das Internet stellt in technischer Hinsicht eine Erweiterung der klassischen Medien um das Element der Interaktivität dar; der Nutzer kann in den Ablauf eingreifen, das Netz selbst aktiv manipulieren und zu seiner Gestaltung beitragen («direkte Manipulierbarkeit»). Uns mag deshalb scheinen, dass diese offensichtlichen Bedrohungen des «Netzreisenden», in einem anderen Licht betrachtet, ungeheure Möglichkeiten sein können. Freiheiten wie diese können nicht nur unkontrolliert ausgelebt werden, sondern bergen auch die Hoffnung in sich, kultiviert zu werden. Die mangelnde Abhängigkeit von Sanktion und unmittelbarer Strafe bedeutet ebenso die zunächst faktisch unantastbare Rede-, Glaubens- und Publikationsfreiheit. So kommt es nicht von ungefähr, dass das Beispiel «Demokratie» im Internet, auf das ich hier kurz eingehen möchte, eines der meist zitierten in diesen Tagen ist.

Es ist zur Zeit Tendenz zu glauben, das Internet würde die Demokratie aus ihren räumlichen Zwängen der Urbanität befreien. Wo Städte für die Bürger feste Rahmen der Partizipationsmöglichkeiten vorgeben, sind diese im Internet weggefallen. Noch Vilém Flusser hat 1991 gedacht, es befördere die Möglichkeiten des Individuums, auf gemeinschaftliche Beschlüsse und die Wege, wie diese erreicht werden, direkteren Einfluss zu nehmen als je zuvor – zu jeder Zeit und von jedem Ort der Welt. Es gebe keine räumlichen oder zeitlichen Restriktionen mehr, das Internet sei unregierbar, weil es in maximalem Grade dezentralisiert sei.[24] Das Internet ist so zum Politikum geworden; es sei einerseits der sicherste Weg zur Anarchie, andererseits der einfachste und womöglich beste Weg zur Selbstbestimmung. Es sei die verwirklichte «polis mundi» und der letzte Schritt auf dem Weg zur vollständigen Anerkennung der Menschenrechte.

Aber wer das Internet wachsam beobachtet, sieht keine Gemeinschaft, sondern eine Gesellschaft einzelner *Iche*. Der Anteil an Teilnehmern mit ausgeprägt demokratischen Idealen und gemeinschaftlich orientierter Gesinnung ist etwa so gering wie in der realen Welt. Das Internet fördert die Gesinnung, das demokratische Ideal auch zu *leben*, keineswegs. An der «virtuellen Straßenecke» ist von demokratisch orientiertem Meinungsaustausch keine Rede, und eben dieser wird auch nicht qualitativ einfacher, nur weil es sich um eine unsanktionierte «virtuelle» Möglichkeit handelt, die eigene Meinung auszudrücken. Stattdessen findet sich hier eine übergroße Zahl extrem exaltierter und exzentrischer Naturen mit exhibitionistisch-narzisstischem Hang zur Selbstdarstellung. Alle zelebrieren die Kunst ihrer effektvollen Selbstdarstellung, transformieren das Internet in einen Jahrmarkt der Eitelkeiten und zerstören damit die Qualitäten der Individualität durch den Verlust ihrer eigenen. Eben von diesen individuellen Qualitäten lebt aber eine lebendige Demokratie. Narzissmus ist zwar kein alleiniges Phänomen der Netzwelt. Aber kaum anderswo kann es in solch ungehemmtem Maße ausgelebt, können Exaltiertheit und Exzentrik so offen und ungeniert zur Schau getragen werden.

Mag das auch keine zutreffende Charakterisierung der durchschnittlichen Internetnutzer sein: es bedarf eben des nötigen «virtuellen Ellenbogens», sich Gehör zu verschaffen. Und das Gehör ist im größten denkbaren Menschenauflauf weltweit eben auch bitter nötig. Dieses Vermögen bleibt bisher den fachkundigen und in der Netzkommunikation erfahrenen Nutzern vorbehalten.

Das Internet ist damit pauschal so wenig ein Segen für Freiheit und Demokratie, wie es pauschal ein Segen für die Bildung und Kultur des Einzelnen ist. Das Internet ist eine große Gefahr solcher Qualitäten, weil es alle Schranken für Willkür, Gleichgültigkeit und Desinteresse weit aufreißt. Möglichkeiten, ohne die Kraft, diese zu nutzen und zu kultivieren, sind Wege in den Abgrund. Das Internet wird zu Toleranz, Achtung und Ehrfurcht nicht erziehen, weil es pädagogisch machtlos ist, wie es sein Vorgänger, das Fernsehen, weitgehend war; das Internet als sein Nachfolger ist nun allenfalls noch multimedial und interaktiv machtlos. Der Mensch kann sich somit mit

Recht von der Netzwelt und ihren Protagonisten als benutzt fühlen.

Das Internet stellt also genau wie die alten Medien eine wirksame Methode dar, die positiven Bestrebungen seiner Nutzer geradezu zu missbrauchen. Darin unterscheidet es sich nicht von jenen. Die Banalität der Tatsache, dass die virtuelle Zauberwelt Internet in ihren Zwängen und Nöten zumeist sehr viel realer ist, scheint manchem Visionär dieser Tage eine unglaubliche Einsicht zu sein. Das Internet verspricht seinem Nutzer, ihn zum König zu machen. Zum König in virtuellen Spielewelten, in der individuellen Konversation, die einen Charakter nur vortäuscht, oder in den zahlreichen Diskussionsforen, in denen er sich zu Wort melden kann. Ein «wahrer König» über diese enorm dynamischen und mit dieser Dynamik ansteckenden Kräfte aus sich selbst heraus wird er dabei jedoch kaum werden können. Denn das Internet führt dafür viel zu sehr in die Isolation. Das scheint auf den ersten Blick geradezu anachronistisch. Aber das Netz, wie es heute existiert, motiviert Trenddenken und die Orientierung an zweifelhaften, weil nicht am Einzelnen orientierten Anschauungen, die ihre Individualität wie in der realen Welt nur vortäuschen. Es ist wie das altbekannte Fernsehen: Es stärkt nicht die Wertinstanz, die der Einzelne ist, sondern stellt gerade und vollkommen unreflektiert die Gemeinschaft und das Wohlgefühl, sie zu erleben, über alles. Dabei fragt niemand danach, was dies für eine Gemeinschaft ist, was sie zusammenhält, wessen sie bedarf, um sich zu entwickeln. Niemand fragt, ob die blühenden Subkulturen der Netzwelten überhaupt lebensfähige Gemeinschaften des Arbeitens, Denkens und Lebens werden hervorbringen können.

So ist das Internet einerseits für die immer stärkere Individualisierung symptomatisch, die vom einsamen Nutzer zu Hause vor seinem Bildschirm gefordert wird, aber eben keine wirkliche Individualisierung, sondern vielmehr Isolation ist, und andererseits für die Konstruktion des fahlen Abbilds einer neuen virtuellen Gesellschaftsform, die isolationistische Tendenzen im neuen Jahrtausend gerade überwinden will. Das Internet wird die Entstehung einer Gemeinschaft tatsächlich unmöglich machen, weil sie das *Ich* publikumswirksam in Szene setzt, es ausstaffiert, seinen Wert taxiert und es meistbietend verschachert.

Hinzu kommen die neuen Werkzeuge, die das Internet als maximal personalisierte Technik dem Netz*macher* bietet, den Netz*nutzer* zu überwachen, seinen Missbrauch also weidlich auszunutzen. Der Datenreisende wird so für fremde Zwecke eingespannt – seien diese kommerzieller oder ideologischer Natur.

Das Thema «Datenschutz» ist derzeit überall an der Tagesordnung. Die Internet-Zukunft wird für die Identität des Einzelnen weitere Gefahren bringen, die wir heute noch kaum erahnen. Es gilt dabei immer die Devise, dass jeder mit technischem Aufwand betriebene Schutz der Identität, die im Netz nur aus Daten besteht, letztlich überwindbar ist. Der «gläserne Nutzer», die maximale Identifizierbarkeit und damit Nutzbarkeit von «Usern» im Netz, ist eine Folge. Das kann zum Beispiel über die so genannten «MAC-Adressen» erfolgen, eindeutige Kennziffern, denen sich über Umwege und bei Zugriff auf die entsprechenden Datenbestände Privatpersonen zuordnen lassen. Computer, die an das Internet angeschlossen sind, verfügen zum Teil über derartige Adressen. Das IPV4-Protokoll, die Sprache, mit der sich alle Computer im Internet verständigen, weist zusätzlich jedem Gerät eine weitere eindeutige Kennziffer, die IP-Adresse, zu, die es darüber hinaus eindeutig identifiziert. Anders wäre es nicht möglich, Start und Ziel eines Datenpakets auf der Reise um den Globus zuverlässig zu bestimmen. Auch über diese «elektronischen Adressen» lassen sich zumindest häufig Rückschlüsse auf die jeweiligen Nutzer ziehen. Eine solchermaßen weitreichende Identifizierbarkeit ist in den bekannten Medien wie Fernseher oder Radio nicht gegeben.[25]

Es wird deutlich, dass die «Nutzbarkeit des Nutzers» im Internet zu einem Maximum getrieben wird. Wir erkennen: Je mehr wir uns unseren vermeintlichen Bedürfnissen hingeben, desto anfälliger werden wir für immer neue Trends. Geben wir die Kontrolle über die Vorgänge hinter den Kulissen aus der Hand, weil sie uns nicht mehr interessieren oder weil wir anderweitig interessiert sind, dann werden wir leicht selbst zum Objekt totaler Kontrolle.

Es geht eben darum, dass die Wirkungen, die wir hier betrachtet haben, aus dem Wesen des Technischen hervorgehen. Sie sind keine Wirkungen eines Inhalts, sondern einer Struktur. Die Idee, es käme somit zum Beispiel in der Familie oder der Schule nur auf die «richtige» Anleitung und Führung durch Eltern oder Erzieher an, um negative Folgen zu vermeiden, geht dabei vollkommen fehl. Es geht ja hier nicht um Inhalte, die durchaus zugänglich oder unzugänglich gemacht werden könnten, sondern um Strukturen, die durch ihr Wesen begünstigen oder hemmen, was anderweitig möglicherweise schon angelegt ist. Das Internet ist strukturell von der Art, dass es zerteilt, separiert und distanziert. Die Erfahrungen, für Erwachsene oder für Kinder, wären keine anderen, wenn diese von ihren Eltern oder einem Erzieher an die «virtuelle» Hand genommen würden.

Der Nutzer ist Sklave von Gewohnheiten, derer er sich selbst nie aus eigener Kraft vergewissert hat. Er sieht nur, was ihm angepriesen, als Erlebnis verkauft wird. Er kann sich niemals sicher sein, welches Ideal tatsächlich von Bedeutung für ihn sein kann, solange er es nicht selbst hervorbringt. Das Internet provoziert ein ideelles Chaos und eine Welt, die nie so ist, wie man sie gerade noch sah oder zu sehen glaubte. Die modernen Medien zu nutzen heißt, im Rausch der Hingerissenheit zu leben. Der einzige Ruhepol im wogenden Datenwirrwarr wäre der Einzelne, der er, geht es nach den Industrien, gerade nicht bleiben soll.

Das Internet verleitet durch die Freiheit, die ganze Welt zu sehen, gerade dazu, sich selbst als letzter «maßstabsgetreuer» Weltbezug zu vergessen. Wie Steven Talbott schrieb, macht das Internet den Menschen zu einem «scattered self», einem zerteilten, in unzählige Bruchstücke verstreuten Selbst.[26] Ist der vernunftgeleitete Umgang erst ausgeschaltet, ist der Mensch «hingerissen» von der Maschine. Er ist ein «User», ein Nutzer geworden – der eigentlich ein «benutzter Nutzer» ist.

6. Begriff und Wahrheit

«Das aber ist der Kategorienfehler der
Fortschrittsdebatte bis auf den heutigen
Tag, dass sie die Gestaltungsoffenheit
gesellschaftlichen Wandels mit dem Determinismus von Naturgesetzlichkeiten
verwechselt.»

Günter Ropohl[27]

Was findet der Datenreisende tatsächlich, wenn er im Internet
«surft»? Wie wir sahen, wird jedem Medienkonsumenten täglich eine revolutionäre Erfahrung versprochen, entschließe er
sich nur für einen privaten Internet-Zugang. Kaum ein Bauteil
für den Computer, das nicht mit «bunteren Farben», «realerem
Sound» oder «lebenswirklicherer Realitätsnähe» angepriesen
würde. Das Internet wird da schnell zur «privaten virtuellen
Realität», zum Stückchen High-Tech in den heimischen vier
Wänden. Das hat seinen Grund: Nur wenige Prozent der derzeit in fast jedem zweiten bundesdeutschen Haushalt stehenden PCs sind tatsächlich «vernetzt». Ein gigantischer Markt
wartet auf die mit geballter Marketing-Power gewappneten
Firmen der Computer-Branche. Sehen wir jedoch genau hin,
dann stellen wir fest, dass das «reale» Internet wenig von dem
hält, was die Werbung verspricht. Es wird notwendig sein, sich
mit der Funktionsweise eines Computers und des Internets
zunächst in den Grundzügen vertraut zu machen.

La Mettrie und Leibniz stehen heute zum Abruf für jedermann bereit. Wir können ihre Werke nicht mehr nur in der
Buchhandlung kaufen, wir können sie aus dem Internet «her-

unterladen» und auf einem portablen Computer jederzeit mit uns herumtragen. Wenn wir wollten, könnten wir sie mit ihrer Hilfe sogar lesen. Diese Philosophen stehen immer und überall zur Verfügung. Sie sind selbst unzählige Male in den unterschiedlichsten Formen in der Netzwelt verewigt. Zusätzlich steht ein Großteil von dem, was in den vergangenen Jahrhunderten zu ihnen geschrieben wurde, heute bereits für die interessierte Öffentlichkeit bereit.

Dieses gesammelte «Wissen», das in Buchform Millionen von Seiten füllt, liegt in Form von «Informationen» vor, die wir technisch «Dateien» nennen können. Dieser Begriff ist von großer Bedeutung für das Verständnis, wie wir heute mit Informationen leben, arbeiten und handeln. Denn irgendwie müssen diese Daten strukturiert und effizient organisiert werden. Wir können in diesen Dateien die kleinsten für den Nutzer sinntragenden Einheiten von Informationen sehen, vergleichbar den Bruchstücken eines gesprochenen Wortes, wie wir es in der Linguistik kennen. Jede Information – ob Bild, Ton oder Text – muss sich als Datei «tarnen», soll sie auf die Reise durchs Netz gehen. «Informationen» als solche sind für die Maschine nutzlos, ja, sie sind gar nicht denkbar, denken wir sie nicht in irgend strukturierter Form. Erst die Dateien bringen Ordnung in das Datenchaos. Der Computer muss wissen, wo Information «anfängt», wo sie «aufhört» und nach welchen Regeln, in welchem «Format» sie festgehalten wurde. Die Dateien müssen auf der Grundlage der Computersprache in der Elektrizität, genauer der magnetischen Feldstruktur eines Speichermediums, verewigt werden, sollen sie handhabbar sein.

Diese Informationen sind es schließlich, die das Internet dem Mediennutzer feilbietet. Das Netz selbst soll dabei diese

Informationen nicht nur «liefern» und bereitstellen. Es soll als zentrale Schnittstelle, als Kontaktpunkt zwischen den Menschen fungieren, die das Internet bedienen und nutzen und die in ihm enthaltenen Informationen abrufen. Zusätzlich kann das Netz die Informationen, die nicht zum «Konsum» durch einen Nutzer bestimmt sind, dazu verwenden, selbstständig tätig zu sein und «Mehrwert» zu produzieren: Auch Computerprogramme, die der Internetnutzer niemals zu Gesicht bekommt, sind Informationen, die letztlich irgendwo in Dateien niedergeschrieben sind. Mit ihrer Hilfe ist es der Maschine möglich, ganz neue Welten zu schaffen wie virtuelle Realitäten und Räumlichkeiten als Treffpunkte im Netz oder als Spielumgebungen, in denen zu jeder Tages- und Nachtzeit heiße Gefechte ausgetragen werden können. Alle diese Funktionen werden durch «Informationen» von einer Maschine realisiert und stellen selbst nur ein Konglomerat von Informationen in Form von Bits und Bytes dar. Das Internet selbst durchbricht die Grenze des einzelnen Computers und einzelner Systemfamilien sogar für die Informationen und macht sie den unterschiedlichsten Geräten gleichzeitig verfügbar. Wie ist das vorzustellen?

Das Internet ist ein immens großer Verbund von miteinander verknüpften, aneinander geschalteten, «vernetzten» Computern, so genannten «Hosts» oder «Servern» (etwa «Lieferant»). Wie der englische Name deutlich macht, stellen sie Daten oder Informationen für alle auf sie zugreifenden «Clients» (etwa «Nutzer»), die privaten Computer der Endbenutzer zu Hause, bereit. Die Art und Weise, wie diese Hosts aneinander geschaltet sind, wird als die Topografie eines Netzes bezeichnet. Üblicherweise wird dies im Internet durch eine «Stern-Struktur» verdeutlicht: Ein in der Mitte des Sterns befindlicher Server gibt die ihn von anderen Servern erreichenden Daten an die auf ihn zugreifenden Clients (und an andere Server) weiter, die diesen «kreisförmig» umgeben. Die als «e-mail» bekannte elektronische Post beispielsweise ist nur deshalb möglich, weil eine Unzahl solchermaßen vernetzter Hosts oder Server die ankommenden Informationen in Form von Dateien untereinander weiterreicht. Dies kann über Unterseekabel, einfache Telefonleitungen, moderne Glasfaser oder gar per Satellit geschehen.

Die Verbindungen, die auf diese Weise zustande kommen, sind permanent, das heißt, sie arbeiten mit «Standleitungen» und werden üblicherweise nicht unterbrochen. Damit eine derartige Struktur auch nach einem Erdbeben, einem Atomkrieg oder einer anderen Störung des Systems, die den Ausfall eines oder mehrerer Hosts nach sich ziehen kann, einwandfrei funktioniert, ist die Struktur des Internets «dezentral». Das heißt, dass sich die Datenpakete «intelligent» und selbstständig ihren Weg über die nächste freie Route suchen. Fällt ein System aus, braucht die Post im Idealfall nur ein wenig länger, weil «sie sich selbst» möglicherweise über Australien, Afrika oder Grönland umleiten muss.

Die Verbindung der einzelnen Computer zu den Endgeräten beim privaten Nutzer funktioniert im Internet und vielen vergleichbaren Techniken über eine gemeinsame Sprache, HTML, dem Esperanto der Netzwelt. Die in HTML geschriebenen «Programme» sind wiederum in Dateien abgelegt. HTML steht für «Hypertext Markup Language» und stellt im weitesten Sinne eine Programmiersprache auf der Basis der verwandten XML, «Extensible Markup Language» dar. Da alle angeschlossenen Computer durch die Programme, die auf das Internet zugreifen, HTML «sprechen», ist der fließende Austausch von Daten rund um die Welt störungsfrei möglich. Auf dem privaten Computer erledigt diese Kommunikation der «Browser» – das Programm, über das der Zugriff auf das Internet erfolgt – vollautomatisch und ohne jedes Zutun des Benutzers. Dieser nimmt nur Bilder, Ton und Text wahr, kurz: in Dateien abgelegte Informationen. Er weiß nicht, dass hinter diesen Inhalten eine zuweilen äußerst komplexe und sehr wenig anschauliche Datenstruktur steht.

Es ist leicht einsehbar, dass durch das Esperanto der Netzwelt ein reibungsloser Austausch jeder beliebigen Datenart möglich ist. Es ist vollkommen belanglos, ob Bilder, Text oder Ton übertragen werden. Alle diese Datentypen bestehen letztlich aus Einsen und Nullen, dem «binären Code», der auch HTML zugrunde liegt. Er sorgt dafür, dass auch die einzelnen Hosts problemlos *miteinander* kommunizieren können. Sie bewerkstelligen dies über eigene Sprachen, die «Protokolle». Ein Protokoll definiert, nach welchen Regeln Dateien übertragen werden. Das Protokoll bildet unter anderem auch die Grundlage für HTML.

Das Internet kann uns also die Totalversorgung mit Informationen versprechen, weil es eine auf den genannten Standards basierende offene Struktur hat. Es ist kein geschlossenes System, das nur eine feste und unveränderliche Anzahl Nutzer kennt, nur eine Sprache spricht und auf die Verwendung ganz bestimmter Geräte angewiesen wäre. Seine Sprache kann jede beliebige Bedeutung übermitteln. Alles, was sich in Daten beziehungsweise Informationen verwandeln lässt, kann über das Internet transportiert werden. Eine potenziell beliebige Anzahl Nutzer kann das Internet verwenden. Sie werden durch eindeutige Adressen wie im System der Briefpost oder der Telefonnummern voneinander unterschieden. Die möglichen Adressvarianten gehen in die Milliarden. Und auch auf der Ebene der Geräte ist das Internet durchaus nicht an den Computer, den wir kennen und den heute fast jeder zweite Haushalt in Deutschland sein eigen nennt, gebunden. Es ist nicht nur möglich, sondern besitzt für die Entwicklung des Internets sogar größte Bedeutung, dass von der Glühbirne bis zur Mikrowelle, vom Kühlschrank bis zum Automobil nahezu jedes denkbare Gerät, mit dem wir uns in unserem privaten Leben umgeben, potenziell vernetzbar ist – darauf werden wir später noch zurückkommen.

Jede Idee, jeder Gedanke ist, solange er auf der Basis elektronisch handhabbarer Informationen basiert, in der beschriebenen Weise im Internet realisierbar. Das Internet ist mit einem Puzzle vergleichbar, das niemals zu Ende gespielt werden kann. Es ist jederzeit möglich, ein neues Teil, von dessen Existenz man vielleicht nicht einmal wusste, an beliebiger Stelle anzufügen und damit das Gesamtbild zu erweitern.

Wir sehen also, dass eigentlich alles, was wir als Farbe oder Klang, Poesie oder Prosa im Computer wie im Internet aufschnappen, konsumieren oder sonstwie auf unseren Datenreisen aufnehmen, in seinen Grundbestandteilen pure Information, bloßer Code ist. Damit ist jede Datei inhaltlich praktisch identisch; einzig die Anordnung der immer aufs Neue in unterschiedlichen Sequenzen wiederkehrenden Nullen und Einsen ist von Bedeutung. Könnten wir in den Computer, in die Datenströme des Internets hineinsehen, wir sähen nur den binären Code – unmöglich wäre zu erkennen, was dort tatsächlich vor unseren Augen an Informationen «befördert» wird. Nicht nur werden also alle unsere Wahrnehmungen der Welt zu stereotypen codierten Informationen gemacht, sie selbst bestehen sogar auf rein technischer Ebene aus nichts weiter als Elektrizität beziehungsweise magnetischer Feldstrahlung in besonderer Ausrichtung und unter streng kontrollierter Handhabung. Wollten wir gar auf dieser Ebene das Phänomen der Informationen im Netz weiter untersuchen, dann müssten wir anerkennen, dass diese Informationen selbst ja niemals tatsächlich existieren. Sie sind nur Zustände, denn ihre Struktur ist amorph. Jede Eins wird zur Null, jede Null auf Maschinenkommando zur Eins in einem Sekundenbruchteil. Faktisch müssten wir akzeptieren, dass eigentlich nicht die Rede davon sein kann, dass außer elektrischen Strömen im Fluss und ständig regenerierter magnetischer Strahlung irgendetwas wie Bild, Ton oder Text in der Maschine tatsächlich vorhanden ist. Die auf den ersten Blick an Eindrücken so reiche Maschine ist beim näheren Hinsehen eine in Blech verpackte informationelle Wüste.

Unsere Wünsche nach Kontakt und Nähe, unsere Aspirationen nach Zerstreuung und Information und unsere Triebe nach Lustbefriedigung, die wir tagtäglich auf andere Menschen richten und an denen wir als seelische Wirksamkeiten unsere Fähigkeiten schulen, nehmen hier in der Virtualität, die tatsächlich ihre Herabsenkung auf den Status eines elektrischen Signals ist, völlig neue Formen an. Aber natürlich unterliegt nicht nur das, was wir in die Maschinenwelt hineingeben, einer solchen Verwandlung. Auch was wir dieser entnehmen und für uns verwandeln, kann so von geradezu autoerotischer Qualität sein. Denn wir gewinnen nur scheinbar viel aus simplen Datenströmen, erzeugen unsere Eindrücke eigentlich selbst.

Diese neue technische Qualität, die wir tatsächlich aus der Maschine gewinnen, ist in «ihrer Welt» also stereotyp, austauschbar und Teil des unermesslichen elektronischen Einerlei. Dass es uns so schwer fällt, diese Zusammenhänge in unserem täglichen Umgang zu erkennen, zeigt, wie wenig wir es gewohnt sind, in «maschinellen» Dimensionen zu denken, uns bewusst zu machen, dass wir keinem Transporter für menschliche Gefühle begegnen, sondern einem Simulanten, einer Maschine, die das Wesen des Technischen auszeichnet. Wir tragen stattdessen an die vorurteilsfrei programmierte und funktional definierte Maschine Erwartungen heran, die wir aus unserem alltäglichen menschlichen Umgang gewöhnt sind, nämlich die nach dem Genuss eigentlich einzig humaner Qualitäten. Es ist leicht einzusehen, wie beeindruckt und bezaubert wir zu sein vermögen, treffen wir unvorbereitet auf das Wesen des Technischen, das uns durch die völlige Dominanz des sinnlich erfahrbaren Reizes – die Maschine kann sich uns ja nicht anders verständlich machen – zunächst zu überfordern vermag. Für dasjenige, was wir aus unserer menschlichen Welt in die Maschinenwelt hineinbringen und was wir aus der Maschinenwelt entnehmen, bedeutet dies, dass unser Wahrnehmen homogenisiert, unser Welterleben in seiner individuellen Bedeutung trivialisiert wird.

Wir können uns diese qualitative Gleichschaltung leicht vor Augen führen, wenn wir uns die Bedeutung vergegenwärtigen, die Begriffe für uns in der Netzwelt unweigerlich bekommen, während sie für uns in der realen zwischenmenschlichen Welt eine sehr viel höhere Wahrheit besitzen. Diese Begriffe nehmen mechanistischen Charakter an, sie werden von der Maschine beeinflusst.

Begegnen wir uns in der realen Welt, dann «interagieren» wir nicht nur, sondern begegnen uns in seelischer, geistiger und körperlicher Hinsicht. Diese Begegnung ist mehr als der «Austausch von Informationen». Er geht weit über dasjenige hinaus, was heute in der «Computerszene» mit gängigen Begriffen wie Privatsphäre, Kommunikation oder Interaktion umschrieben wird.

Jemand, der Privatsphäre wahrt, ist nicht nur allein. Und eine solche Beziehung zwischen Menschen, die im Internet so sehr darauf bedacht sind, ihre Privatsphäre zu wahren, ist kein Tauschhandel. Nicht der eine gibt etwas, was der andere aufnimmt, worauf dieser seinerseits mit etwas Neuem antwortet. Jeder weiß, dass hier in der realen Welt etwas im Spiel ist, was sich nicht mit «binärem Code» umschreiben ließe. Jeder kennt dies, wenn er dasjenige wahrnimmt, was zwischen den Menschen ist, die sich auf besondere Weise verbunden sind. Eine Beziehung zwischen lebendigen Wesen ist wie ein Organismus, wie ein Stoffwechsel, der vielleicht mit dem Beispiel der Atmung verglichen werden kann. Die lebendige Partnerschaft ist wie ein Atemzyklus, ist wie ein Stoffwechsel. Der eine gibt wie transpirierend ein Geistiges hinein, der andere nimmt es auf, verwandelt es in seinem Innern und gibt es von sich in neuer Form, auf dass es fortan im anderen und im Gemeinsamen lebe und wirke.

Die individuell zu erringende und zu lebende Sphäre, die eigentlich ein *bewusstes* Allein- und *Für-sich-Sein* meint, wird so abgewertet zu einem «Privatbereich», einem realen Territorium gleich, das es auch im Internet zu schützen, zu verteidigen gelte. *Ich-Sein* als *Selbst-Sein* ist heute eine Frage des Datenschutzes, nicht mehr des Umgangs mit anderen Menschen, in dem sich das Private erst als Individuelles bewähren muss. Doch Privatsphäre ist, recht verstanden, nicht die Abwesenheit des Fremden, sondern das, was an der Begegnung mit ihm entsteht; diese Begegnung erzeugt zugleich auch die Welt des Miteinanders.

Das Internet ist Paradebeispiel dafür, wie uns eigentlich spirituelle, qualitativ humane Werte blass und fahl werden – Werte, die eigentlich auf uns Menschen hinweisen, indem sie an uns als Individualitäten appellieren. Es nimmt uns die Möglichkeiten, diese Erfahrungen als uns auszeichnende Wesenheiten selbst und eigenständig zu erschaffen, zu teilen und zu entwickeln. Stattdessen erhalten wir Kenntnisse präsentiert, die auf der technischen Grundlage der Information Wahrheit suggerieren. So wie die Eins und die Null im digitalen System immer dieselben bleiben, so ist die Wahrheit des Internets immer dieselbe, ganz egal, wer sie verkündet.

Solchermaßen herabgedämpfte, eingeschränkte oder auf eigentlich Totes bezogene Auffassungen zeigen sich heute überall. In den jüngsten Entwicklungen sind sie besonders deutlich geworden. Der moderne Mensch begegnet sich nicht, er «kommuniziert». Der Mediennutzer unserer Zeit bewegt sich nicht selbst, er ist «mobil» und trotzdem «erreichbar». So werden diese Begriffe abgewertet zu bloßen Worthülsen, zu Phrasen, die nicht mehr mit dem in lebendiger Verbindung stehen, was im Menschen durch sie angesprochen wird. Stattdessen ist ihre Erfüllung eine Frage der Planung unter dem Dogma der Machbarkeit geworden – das maschinelle Paradigma prägt dem Lebendigen seinen Stempel auf. Steven Talbott hat das Wesen des

Technischen, das dieser Methode ihre Prägung gibt, das «computertechnische Paradigma» genannt.[28]

Wohlgemerkt: Das Problematische an dieser Einsicht ist gar nicht dieser ästhetische Absolutheitsanspruch der Netzwelt. Es geht durchaus nicht darum, *dass* die Welt der Computernetze zu einer Homogenisierung unseres Welterlebens und -wahrnehmens führt. Denn man könnte sich veranlasst fühlen zu argumentieren, dass ja die Internet-Kommunikation den persönlichen Kontakt durchaus nicht ersetzen *wolle*. Ebenso wie das Telefon dies niemals gewollt habe und vermutlich auch niemand, aller Unkenrufe zum Trotz, je durch exzessive Nutzung des Telefons der totalen Isolation erlegen ist.

Allein, dies trifft nicht den Kern des Problems. Es setzt vielmehr voraus, dass der Mediennutzer der Zukunft sowohl in der Lage sein wird, zwischen unterschiedlichen Wahrnehmungsweisen zu unterscheiden, als auch diese wissentlich zu suchen. Wir steigen heute aus dem Flugzeug aus und gehen zu Fuß, weil wir diese «alten» Qualitäten wieder schätzen gelernt haben. Der Wunsch nach einer solchen Wahrnehmung fällt einem jedoch nicht zu. Sie ist harte Arbeit, die Fähigkeit zu ihrer Erkenntnis und Erlangung ist erworbenes Vermögen. Ein solches Weltwahrnehmen in der Maschinenwelt hingegen ist nicht nur in seinem Charakter homogen, sondern in seinem Wesen ebenso fertig, abgeschlossen und unveränderlich. Nur durch maschinelles Kommando wird aus einer Eins eine Null.

Dass uns heute keine nennenswerten Beeinträchtigungen unseres Verhaltens und Wohlbefindens durch die Benutzung des Telefons oder auch des Radios täglich bewusst werden, heißt nicht, dass es diese nicht gibt. Das zeigt einzig, dass wir mit diesen Auswüchsen der modernen Technik leben gelernt

haben. Wir sind quasi in diese besondere Lebenswelt hineingewachsen. Beim Automobil und beim Fernseher sieht die
Situation schon anders aus. Wir haben uns im Verlauf vieler
Jahrzehnte eine Medienkompetenz erworben, haben mit den
Geräten leben gelernt. Dazu gehören Fähigkeiten der Benutzung ebenso wie die unbewussten integrativen Fähigkeiten
zur Einfügung der Medien *und* ihrer (positiven wie negativen) Begleit- und Folgeerscheinungen in unsere Lebensführung.

Häufig hingegen ist allerdings der Effekt, dass wir uns fragen, wie die Menschen vor unserer Zeit nur ohne dieses eine
oder andere Gerät haben leben können. Nun, offensichtlich
konnten sie. Dass uns eine augenblickliche Versetzung in eine
längst vergangene Zeit allerdings so schmerzhaft vorkäme,
wäre ein vorübergehender Effekt. Wir würden feststellen, dass
das Leben ohne die eine oder andere Segnung der Technik
durchaus möglich ist. Sobald wir uns an die veränderten Verhältnisse gewöhnt hätten, wären wir selbst verändert, wären
wir angepasst und erinnerten uns kaum an das nun plötzlich
zweifelhaft gewordene Gut, das wir einmal besaßen. Neue
Fähigkeiten des Weltwahrnehmens würden plötzlich wieder
hervortreten, andere einen neuen Ort erhalten.

Ein statistisch zu belegendes Nichtvorhandensein schwer-
wiegender Deformationen im Verhalten der Menschen muss
also nicht bedeuten, dass diese nicht dennoch unter einem
Einfluss stehen, auf den sie in der einen oder anderen Art und
Weise auch unbewusst reagieren – das ist der Punkt, um den
es geht. Die eigenen Denkgewohnheit zu überwinden und in
der Begegnung mit der Maschine maschinell denken zu lernen ist dabei die größte Hürde.

7. Schlagworte eines neuen Denkens

«Was, wenn da eine Box wäre. Eine Box, in der die Antworten auf alle Fragen wären, die Sie jemals gehabt haben. Eine Box, die Ärzten dabei helfen könnte, herauszufinden, wie man Krankheiten heilt. Eine Box, [...] die Professoren hilft, noch bessere Bücher zu schreiben, und Astronomen, neue Galaxien zu finden. Tja, eine solche Box gibt es schon. [...] [Sie] verbindet Menschen. [...] Wir wissen auch, wie Sie die Magie dieser Box für Ihr [...] ganzes Leben nutzen können.»

Werbung der Firma IBM für
einen Hochleistungscomputer

Wir erkennen an den bisherigen Betrachtungen leicht die Wahrheit in der Behauptung, dass durch die modernen Medien die synästhetische Kommunikation, also das ganzheitliche Erleben der realen Welt, verloren gehe. Durch die Charakteristik der Mediennutzung – wir müssen uns eines bestimmten, in seiner Funktion genau definierten Apparates bedienen – erscheinen uns die übrigen Wesensglieder des Menschen herabgedämpft oder gar ausgeschaltet. Während das seelische Wahrnehmen in einem persönlichen Gespräch den Eindruck des Gesprächspartners individuell beeinflusst und bereichert, ist dieses bei der Konversation per e-mail oder IRC (Text-Gespräche in Echtzeit) naturgemäß von geringer Bedeutung.

Und doch ist die Feststellung, dass durch die modernen Medien die synästhetische Kommunikation verloren gehe, näher bedenkenswert. Wahr ist sie, wenn wir mit der Synästhesie die leibliche, körperliche Begegnung der Menschen meinen. Falsch ist sie, wenn wir über die Wahrnehmung unserer Lebenswelt durch den Computer sprechen – er stellt eine «offene» Technologie dar, die uns Sinnesreize in nahezu beliebiger Vielfalt zu liefern in der Lage ist. So wie das Flugzeug oder das Automobil dem Erleben von Zeit und Raum, Land und Leuten durch Geschwindigkeit, Bewegung und Überwindung der größten Distanzen eine neue Facette hinzugefügt hat, so fügt auch der Computer unserem alltäglichen Erleben eine neue Facette hinzu. Wir können unsere unmittelbare und mittelbare Umwelt anders erleben, eben weil wir in die Lage versetzt sind, auch den entferntesten Ort zu uns heranzuholen. Der Computer im Netz ist das große Mikroskop, das sich fast jeder leisten kann und das eine schillernde und beeindruckende Welt auf jedermanns Schreibtisch zaubert. Natürlich ist die synästhetische Wahrnehmung schon allein deshalb nicht möglich, weil wir uns nicht mehr real erleben, sondern gegenseitig vor einer Glasscheibe sitzen. Aber davon abgesehen scheint uns der Computer eben gerade deshalb so allgegenwärtig und allgewaltig, weil er uns auf unbeschreibliche Art und Weise zu fesseln vermag. Mein privater Computer besitzt die Macht, auf kleinstem Raum die ganze Welt zu sein.

Wir können sagen: Die Medienmaschine hat das synästhetische Erleben dieser Welt auf eine neue, wenn auch ganz andere Art revitalisiert – ein Erleben, das uns im Alltag schon fast abhanden gekommen war. Durch die Vereinigung von auditiven, taktilen und visuellen Reizen in einer Qualität, wie dies vorher entweder den seltenen Momenten im Leben oder dem Erlebniskino à la Hollywood vorbehalten war, hat sich uns eine Zauberwelt eröffnet, die uns möglicherweise deshalb so in ihren Bann schlägt, weil das Erleben des Mittelbaren plötzlich und unvermittelt so großartig unmittelbar geworden ist. Neue Schlagworte drücken dieses neue Welterleben auf prägnante Weise aus, das von einem Radio, dem Fernseher oder dem Kino nur bedingt befriedigt werden konnte. Während der Fernseher, wie wir sahen, nur die Aufnahme der Informationen aus dem Weltgeschehen in strukturell genau vorgegebener Form ermöglichte, konnte das Radio dies sogar nur auf das auditive Wahrnehmen eingeschränkt bieten. Und auch das Kino war wiederum dem Fernsehen allenfalls in der Qualität der Darstellung, nicht jedoch in seiner Flexibilität voraus.

Heute prägen Schlagworte wie «Edutainment» und «Multimedia» und mit der modernen Technik assoziierte Worte wie «lernen», «entdecken», «wissen», «verstehen» das Bild der Medienwelt. Es ist bemerkenswert, wie viele Firmen einen großen Teil ihres Profits mit dem Wunsch ihrer Kunden, die Welt kennen und verstehen zu lernen, verdienen. Allen voran Firmen wie Microsoft oder der Bertelsmann-Konzern, die mit Lexika und anderen Nachschlagewerken das Interesse für die Wunder dieser Welt schüren. Sie nutzen die Bedürfnisse der Medienreisenden – seien diese Scheinbedürfnisse oder nicht – zu ihrem profitablen Vorteil. Das Internet wird als Informations- und Erlebnismedium verkauft, und der private Anschluss gilt immer mehr als Statussymbol. Wer «in» ist, fährt heute wohl weniger einen teuren Wagen, als dass er den ganz persönlichen Internet-Anschluss besitzt.

Der Wunsch, diese Welt und ihre Bewohner in ihrer ganzen Diversität, Lebendigkeit und Farbe kennen zu lernen, ist eine profitable Marktlücke. Die Anbieter kommen damit möglicherweise einem Wunsch entgegen, der bisher von den alten Medien nur ungenügend befriedigt werden konnte. Denken wir an den Fernseher und das Radio, die präsentieren, was andere, nicht was wir wollen, und die unseren persönlichen Vorlieben nicht entgegenkommen. Vielleicht haben sie den Ausdruck dieses Wunsches nicht nur nicht ermöglicht, sondern gar gehemmt und unterdrückt. So könnte man von einer merkwürdigen Art der «Befreiung» sprechen, einer Befreiung des modernen Medienmenschen aus seiner Isolation vor dem Fernseher, dem Radio oder hinter der Zeitung, hin zur Offenheit einer bewundernswerten Welt, die erst auf den zweiten Blick ihre Nachteile offenbart.

Diese Befreiung wäre freilich ein bedenklicher Zugewinn. Wir erkennen sofort ihre Fahlheit und den schalen Geschmack, der nach einer Reise durch die Informationsabgründe der Datenwelt zurückbleibt. Diese abgebildete Welt ist ein Trugbild. Der Einzelne, der sich unbewusst in ein viel Größeres gestellt fühlt, von dem er nicht abschätzen kann, in welcher Beziehung es sich zu ihm, seinen Wünschen und seinen unmittelbaren Lebensumständen verhält, muss sich, wie wir sahen, über kurz oder lang missbraucht und betrogen fühlen. Dieses Gefühl wird sich einstellen, sobald er merkt, dass die modernen Errungenschaften der Medienwelt ihr Versprechen nicht halten können: die Menschen *tatsächlich* näher zueinander zu führen. Er wird feststellen, dass dieses Zueinanderführen keines ist, das lebenswert wäre, weil es keinen Raum bietet, in dem zu leben wäre. Er wird feststellen, dass es um bunte, aber schale Bilder, um ein Spiel mit seiner Kaufkraft, niemals jedoch um den Menschen geht, der sich nichtsdestotrotz dennoch im Netz begegnet. Er wird sich selbst vermissen, denn er merkt, dass er gar nicht gemeint ist in all dem, was über die Welt und ihre Menschen im Computer und im Internet erzählt wird. Damit wird er die Frage, die er lange mit sich herumgetragen hat, «Wie leben mit Technik?», negativ beantworten: «Ein *Leben* mit Technik scheint mir unmöglich!»

Die Befriedigung bloßer Scheinbedürfnisse kann der Computer als «offene» Maschine in den unterschiedlichsten Facetten liefern. Der Computer greift das Bedürfnis seines Nutzers, mehr über die Welt zu erfahren, auf und fordert ihn heraus, sich mithilfe der technischen «Krücke» zu dieser Welt und zu ihren Menschen über die Kanäle der Informations- und Medienwelt zu öffnen. So sind die Industrien heute bemüht, immer neue Bedürfnisse zu ersinnen, denen sie dann auf eigens dafür geschaffenen Märkten nachkommen können. Der gesamte Medienmarkt ist ein solcher geschaffener Markt, und das Internet ist im Begriff, ebenfalls einer zu werden. Es gibt Schlagworte, die heute für eine Beschreibung der Weisen, wie die Industrien versuchen, das vermeintliche Bedürfnis nach dem «Erlebnis Technik» zu nähren, typisch sind. Sie charakterisieren Begriffe, an welchen sich die Befriedigung dieser Bedürfnisse ausrichtet.

Zum Beispiel «Multimedialität». Nur wer den anderen schon einmal durch die Augen einer Internet-Kamera, die Ohren einer an den PC angeschlossenen Stereoanlage und auf einem leinwandgroßen Bildschirm gesehen hat, hat ihn wirklich erlebt, will uns die Industrie glauben machen. Das multimediale Ereignis Computer und ganz besonders Internet gehöre derzeit zum Nonplusultra, wie wir unsere Welt erleben, ihre Wunder bestaunen, ihre Menschen besser kennen lernen können. Es gehe dabei um eine geradezu «neue» Form des Welterlebens und -wahrnehmens, die sich anschickt, in der Welt der Medien universellen und normativen Anspruch zu erheben. Produkte, die nicht über ein Mindestmaß an multimedialem «Augenschmaus» verfügen, gehören praktisch schon heute zum alten Eisen. Der alleinige Wert eines solchen Wahrnehmens wird gepriesen, es als «modernes, zeitgemäßes Erleben» beworben. Die Ausstattung mit den technologischen Apparaturen, die diesen Mehrwert bieten sollen, wird dadurch zum Lifestyle und Statusobjekt. Der technologische Fortschritt ist so zumindest in diesem Bereich gleichzeitig zur Mode geworden, der sich, ausgespielt über die unzählig variierten Geräte und Produkte, in der Gemeinschaft als trendbildend erweist. Technik ist heute Lebensgefühl; Medien nicht nur zu nutzen, sondern mit ihnen zu leben ist «in».

Was propagiert das multimediale Erleben des Alltags? Es will Ganzheitlichkeit, Vollständigkeit und eintauchendes Wahrnehmen und Wahrgenommenwerden möglich machen. Wer sich der Multimedialität hingibt, taucht ein. Das meinte die amerikanische Firma Intel mit ihrem Slogan «Gehen Sie nicht einfach ins Internet. Tauchen Sie richtig ein!». Gegenstand dieser Werbung ist in Wahrheit ein neuer Prozessor, ein quadratisches Stück Plastik und Blech.

Was diese Multimedialität dem Anwender von Computerprogrammen oder dem Datenreisenden tatsächlich bieten will, ist Immersion, also eintauchendes Erleben. Multimedialität und Immersion hängen eng zusammen. Während Multimedialität das Prinzip charakterisiert, meint Immersion darüber hinaus bereits unser Wahrnehmen, Erleben, Denken und Handeln. Multimedia ist die Grundlage für eine immersive Welt, die uns ganz mit ihren sinnlichen Eindrücken umfängt.

Immersion ist Schlagwort geworden und Programm einer ganzen Industrie. Sie rangiert ganz vorne, wenn es darum geht, Wege zu ersinnen, den Apparatenutzer vom Technikerlebnis zu begeistern. Eine demnächst erscheinende Spielkonsole eines großen japanischen Konzerns wird den Namen «Emotion Engine» tragen, was so viel heißt wie «Gefühlsmaschine». Ein Produkt der Konkurrenz wird den Namen «Dreamcast», zu Deutsch «Traumfänger» oder «Traumschöpfer», erhalten. Die Spiele, die auf diesen Geräten ablaufen werden, sollen den Nutzer wie in einem traumhaften Strudel in eine neue Welt mit eigenen Gesetzen hineinziehen, ihn den Rest der realen Welt vergessen lassen. Und wie die ZEIT im Herbst 1999 meldet, ist es auch nicht mehr weit zum «duften» PC. Die amerikanische Firma DigiScents entwickle ein wenige hundert Mark teures Gerät, das dem dafür aufgeschlossenen Computernutzer, passend zum gerade ablaufenden Programm oder der gezeigten Werbung, mehrere tausend Düfte in «Echtzeit» zu kredenzen in der Lage sei.[29]

Immersion kann mit den Mitteln der Technik heute wirkungsvoller als je zuvor erreicht werden. Sie ist die konsequente Folge der immer höheren Reizschwelle, die gerade bei Jugendlichen in dieser Zeit so häufig beklagt wird. Man sagt, sie benötigten heute bereits rund zwanzigfach höhere Reize als vor zwanzig Jahren, um dieselbe sinnliche Erfahrung zu machen. Dass die neuen Maschinen ihre so gesetzte Aufgabe nicht verfehlen, ist offensichtlich. Die Bilder aus den Video-spielabteilungen der Kaufhäuser sprechen eine deutliche Sprache.

Es kommt uns aber hier auf die Wirksamkeit an sich, weniger auf die Beschreibung desjenigen an, was hier tatsächlich wirkt. Das Erleben dieser Immersion ist ganz natürlich eine Sache der Unterhaltung. Aber wir können zum Beispiel auch in der durchgängigen Vermischung von Information und Unterhaltung in den alten Medien den Trend verfolgen, dass selbst nüchterne Sachverhalte immersiv wirken sollen. Nachrichtensendungen werden mit Namen wie «Action News» betont reißerisch präsentiert, um dem Zuschauer mitzuteilen: «Hier passiert was!» Die Welt ist in einer solchen Darstellung auf ihr sinnliches Wesen herabgedämpft, das alleinig zur Geltung gebracht werden soll. Immersion ist ein Ausschalten der menschlichen Geisteskräfte zugunsten leiblicher Reizbarkeit. Man gibt sich als Individuum ein Stück weit fort, wenn man sich an die Immersion hingibt. In der Philosophie ist man seit längerem mit dem Begriff der «Ästhetisierung der Lebenswelt» vertraut.

Halten wir jedoch in geistiger Hinsicht die Bezüge zu den Produkten der modernen Hochtechnologien bewusst, dann heißt dies, dass wir uns an ihnen bewähren. Wir suchen die Auseinandersetzung mit den Folgen, die sie verursachen. Sind diese Produkte in unserem alltäglichen Umgang nicht unmittelbar auszumachen, dann wird die Bewährung unmöglich gemacht. Es ist leicht ersichtlich, dass es nur der Ausdruck einer Abhängigkeit von der Maschine sein kann, wenn wir Kontrolle und Verantwortung für das, was sie tun, aus der Hand geben. Das tun wir bereits bei den modernsten aller unsichtbaren Techniken, den «embedded systems». Sie stehen am Anfang der derzeit viel beschworenen Entwicklung, die Technik verschwinden zu lassen.

Auch der Computer als die derzeit höchst entwickelte aller Maschinen wurde erst im Laufe der Zeit als Unterhaltungsgerät oder «Personal Computer» entdeckt. Sie hat ihren Ursprung eigentlich im Krieg. Hier sah man auch über Jahrzehnte hinweg das primäre Einsatzgebiet. In den sechziger Jahren wollte man die Computerindustrie zunächst aus dem Grunde nicht fördern, weil man den amerikanischen Bedarf an solchen Geräten höchstens mit einigen hundert veranschlagte. Diese Geräte sollten komplexe Rechnungen ausführen, Buchhaltungen übernehmen, Flugbahnen von Raketen berechnen oder ähnliche praxisbezogene Aufgaben erfüllen. Man konnte sich nicht vorstellen, wie man einen Computer zu Unterhaltungszwecken einsetzen könnte, geschweige denn, dass es dafür einmal einen Markt geben würde. Heute, so ist zu vermuten, finden sich mit großem Abstand mehr Computer in Walkmen, CD-Playern, Fritteusen und Mikrowellen als in den ursprünglichen Anwendungsbereichen zusammen.

Man nennt diese besondere Form der Computer, die sich in derartigen Geräten findet, «embedded systems», «eingebettete Systeme». Sie heißen deshalb «eingebettet», weil sie nur hoch spezialisierte Teilaufgaben innerhalb eines viel größeren Systems erfüllen. Der hoch komplexe Schaltkreis, der in einem einzigen Atomkraftwerk in einem von hundert Rohren das Ventil für den Zu- oder Abfluss des Kühlwassers für einen Tank steuert, ist ein gutes Beispiel für ein «embedded system», ebenso wie der Computer, der in einer Mikrowelle dafür sorgt, dass sich das Gerät nicht überhitzt. «Embedded systems» erfüllen Teilaufgaben in großen Verbünden. Sie sind es, die unsere Probleme mit den Computern in der Zukunft in neue Dimensionen führen werden, weil es so schwer ist, den geistigen Bezug zu ihnen zu wahren. «Embedded systems» sind überall, doch kaum einer weiß es. Das ist der Plan, das ist ihr Prinzip: Sie werden gemacht, um dann vergessen zu werden.

In ihnen können wir in gewisser, noch technisch-nützlicher Hinsicht die Zukunft der Technologie vorausahnen: Sie liegt in der totalen Vernetzung, im vollständig immersiven Leben des Menschen in einer Medienwelt, die er zwar nutzt, aber nicht mehr zu Gesicht bekommt und die er auch nicht mehr kontrolliert, da alle Systeme eigenverantwortlich und «intelligent» sich selbst überwachen. Der Mensch wird vielleicht eines Tages das letzte autarke System sein, das sich in das übergeordnete der Maschinenwelt eingebettet weiß. Das Internet ist in gewisser Weise ein Vorbote dieser Tendenz, Technik verschwinden zu lassen. Das Internet ist auch als riesiges «embedded system» denkbar.

Dieses *Verschwinden-Lassen* ist lebendiger Ausdruck des Bemühens, den Menschen von der geistigen Tätigkeit der Auseinandersetzung mit dem Phänomen Technik zu entbinden. Die verschwundene Technik ist die immersivste Form des Eintauchens in eine Welt, deren Durchsetztheit mit Technik, die wiederum die Lebenswelt selbstständig aktiv beeinflusst, der Mensch nicht mehr wahrnehmen soll.[30] Denn alle diese «embedded systems» haben ihre Aufgaben. Sie steuern, regeln, messen unsere Lebensumgebung, geben Befehle an Untersysteme und kooperieren miteinander. Besonders die Technik, die dem Einzelnen unmittelbar körperlich und in seinem individuellen Lebensraum zugänglich ist, soll verschwinden. Intuitiv soll er sich in ihr zurechtfinden, nicht mehr mühsam den Umgang mit Technik lernen müssen. Technik soll sich in Zukunft ihren Benutzern anpassen – nicht mehr umgekehrt. Intuitivität will die Grenzen zwischen Mensch und Maschine verwischen. Der Übergang soll ganz unmerklich sein. Von der Intuitivität verspricht sich die Industrie, dass dem Menschen die Angst vor dem genommen werde, was ihm natürlicherweise fremd ist. Am Ende dieser Entwicklung soll eines Tages die «menschliche Maschine» stehen. So nah am Menschen soll sie sein, dass dieser keinen Unterschied mehr wahrnimmt, wenn er ihr begegnet. Man glaubt, einzig auf diese Weise die Hemmungen überwinden zu können, die selbst der moderne Nutzer vor der zumeist monströsen Technik noch hat.

Die «embedded systems» sind Vorboten einer perfekten Vernetzung des Menschen mit seinem Fetisch. Diese Vernetzung ist die besondere Form der Immersion durch eine verschwundene Technik, die nicht nur in ihren Geräten immer kleiner geworden ist, sondern die selbst nicht mehr gegenständlich, vielmehr zunehmend virtuell geworden ist. Wir sprechen über die Zukunft des Internets, das wir selbst in einem neuen Sinne als «embedded system» verstehen können. Denn «das» Internet als solches gibt es streng genommen nicht. Es existiert allenfalls als stetiger Fluss unendlich großer Mengen an Daten in den Millionen Kilometern Kabel, die um die Erde gewunden sind. Und doch ist es eben mehr als die Elektrizität, welche die Zustände in den unzähligen Schaltkreisen der

Computer weltweit ausmacht und damit die Grundlage seiner Informationen bildet.

Es wird durch sein Hineinwachsen in den menschlichen Lebensraum mittels dieser Vernetzung einerseits und der weitergeführten Personalisierung andererseits dem Individuum seine totale Immersion in einem Gesamtzusammenhang bieten, der weit über das hinausgeht, was wir heute das «globale Dorf» nennen.

Denn je weiter die Vernetzung fortschreitet, desto größer ist der Grad an Immersion, der potenziell zu erreichen ist. Die Pläne gehen bereits heute weit über die Vernetzung bloßer Computer als Arbeitsstationen hinaus. Das Internet-Protokoll IPV6, die zukünftige Sprache des Internets, sieht ausdrücklich die technologische Realisierbarkeit der totalen Vernetzung der alltäglichen Lebenswelt vor. Es wird in kaum zwanzig Jahren vollkommen normal sein, dass jeder Föhn, jede Fritteuse, jeder Kühlschrank und sogar jede Glühbirne als adressierbares, das heißt eindeutig identifizierbares Gerät seinen eigenen Internet-Anschluss besitzt. Warum eine Glühbirne mit Internet-Anschluss? Weil damit ein Machtausmaß über die voll kontrollierbar gewordene Lebenswelt realisiert werden könnte, das die totale Immersion in den technologischen Apparatezusammenhang auch für den Menschen ermöglichte. Der Kühlschrank überprüft seinen Füllstand selbstständig und kauft dem Lieblingskochbuch seines Besitzers gemäß ein, die heißgelaufene Fritteuse meldet per Internet der Hausfrau Alarm, die nur schnell noch mal zum Supermarkt wollte, und die Glühbirne schließlich meldet dem E-Werk Nutzungsdauer, Stromverbrauch und Spitzenzeiten, das daraufhin die eigene Stromproduktion effizienter regulieren könnte. Das ganze Haus, das all diese Geräte enthalten wird, wird sich dabei um das Verriegeln der offenen Fenster, das Einlassen des Badewassers oder das rechtzeitige Öffnen des Garagentors selbstständig kümmern, sobald es die Ankunft des Hausherrn ausgemacht hat. Der Mensch, durch seine identifizierbare Lebenswirklichkeit längst selbst identifizierbarer Teil des Netzes geworden, wäre der letzte eigenständige «Apparat» ohne «direkten» Internet-Anschluss. In letzter Konsequenz wäre er damit nicht mehr als ein längst veralteter Kühlschrank.

Auch die Geräte an den «Enden» dieses Netzes, unsere Computer, sollen idealiter gar nicht mehr in Erscheinung treten. Imaginiert werden schon heute holografische Monitore, die zum Beispiel die Bilder eines Videotelefonats frei in den Raum projizieren könnten. Eine solche Technik wäre sowohl auf der Seite des Emittenten als auch auf der des Rezipienten vollkommen immateriell und totalimmersiv, wenn wir uns in dem Raum, welcher der Bildschirm selber ist, aufhalten könnten, um unsere Gesprächspartner «persönlich» zu erleben.

Es wird deutlich, dass diese Entwicklung in einen unreflektierten Umgang und so in eine Abhängigkeit von Systemen und Untersystemen führen kann. Je assimilierter Technik an die Lebenswelt des Menschen zu werden vermag, desto weniger Begegnungschance wird sie ihm bieten. Dieser Weg zeichnet als Ziel einen Zustand vor, in dem die technischen Vorgänge in ein Unterbewusstes abgeglitten sind, in dem das Erleben der Wirkungen im Zentrum des Wahrnehmens selbst steht.

Das Prinzip, das in der Idee der Immersion und der verschwindenden Technik zum Ausdruck kommt, ist ein Symptom für das Streben nach Vereinigung der menschlichen Lebenswelt mit der der technischen Prozesse, ohne dass wir uns zu einem bewussten Verständnis des Wesens des Technischen durchgerungen haben. Wir können darin eine direkte Folge unserer ambivalenten Haltung gegenüber der Maschinenwelt sehen, der wir heute unterliegen.

Mit anderen Worten: Wir können diese Entwicklung einerseits als die *Integration* der Maschinenwelt in die Welt des menschlichen Alltags auffassen. Die Technik, die uns im Alltag begegnet und die wir zu Beginn zu skizzieren versuchten, ist nur eine Stufe auf dem Wege zu einer vollkommen verschwundenen Technik, die doch immer allgegenwärtig sein wird. Wir können dies andererseits als die *Diffusion* der Technik in die Lebenswelt verstehen. Ihr Einbruch in die Welt des Intimen wird dann erreicht, ihre Aufgabe der vollständigen Immersion des Menschen in das Maschinenwesen dann erfüllt sein.

Man könnte diesen Ast am Baum der technologischen Entwicklung der Zukunft als die Entwicklung zunehmend virtueller, «geistiger» Techniken beschreiben. Das Internet ist ein erster Schritt. Das, was diese Techniken sind und was ihre Wirksamkeit unter den Menschen, die sie nutzen, entfaltet, ist unsichtbar. Was genau die Folgen dieser Entwicklung sein werden, können wir nicht wissen. Wir können allenfalls erahnen, wie anders wir uns und die Welt erleben werden.

8. Das neue Bild der Technik

«Das ist die Zukunft, Mr. Pikul: es wirkt
alles so natürlich!«

Aus dem Film eXistenZ[31]

Moderne Technik fordert ihren Tribut, indem sie verlangt, dass der Nutzer sich auf sie einlasse, sie verstehe, sich um sie kümmere und Zeit aufwende, sie in sein Leben einzugliedern – viel Zeit. Bedenken wir, wie viel Zeit wir damit vergeuden, Probleme zu lösen, die wir ohne das eine oder andere Gerät nicht hätten. Die Auseinandersetzung mit ihren Produkten kann heute kein Hobby mehr sein, ist keine Frage des passionierten Enthusiasten. Technik ist keine Nebensächlichkeit, sondern faktischer Mittelpunkt unseres Denkens, Handelns, Arbeitens und unserer Freizeitgestaltung. Wer kann heute noch ohne technisches Stimulans entspannen, wer arbeitet noch ohne «Geräte», wer denkt noch ohne Hilfe (z. B. mit dem Taschenrechner)? Und selbst wenn: an welche Schemata des Denkens, Fühlens und Handelns sind wir durch das Paradigma des technischen Wesens nicht schon gewöhnt? Technik ist Mittelpunkt unseres Lebens – wir bedienen uns ihrer nicht mehr, wir leben mit ihr. Mit Technik leben ist ein Full-Time-Job, wenn wir bewusst leben. Das ist eine neue Entwicklung, die durch den Charakter der Netztechnologien uns in Zukunft ungleich stärker herausfordern wird.

Nach unseren bisherigen Betrachtungen können wir die Technik der Zukunft, die in der Medienwelt ihren Ausdruck finden wird, als persönliche und in unser Lebensumfeld integrierte Technik verstehen. Wir können auf dieser Grundlage die These wagen: Die Medienwelt der Zukunft wird, die mechanische und elektrische Technik hinter sich lassend, in der digitalen Technik eine Form von Maschinenwelt hervorbringen, deren Charakteristikum eine virtuelle, eine quasi geistige Wirksamkeit sein wird. Ich möchte versuchen, in den nachfolgenden zwei Kapiteln diese These zu erläutern und dann im letzten Teil einen Ausblick in die Medienzukunft zu geben, wie sie sich aus dieser Perspektive darstellen kann.

Wir erfahren heute täglich, dass der Mensch vielerorts im Begriff ist, an der Technik zu scheitern. Er scheitert in physischer Hinsicht in der Krankheit zum Beispiel durch Fließbandarbeit. War dies bis zum Ende des 19. Jahrhunderts eine Frage für Schwerstarbeiter, so ist es heute bereits eine Frage für jeden geworden, der Unmengen von Technik zu Hause verwendet. Und er scheitert in seelischer Hinsicht zum Beispiel im Verlust der Kommunikations- und Artikulationsfähigkeit (Verlust der kultivierten Sprache). Überdies scheitert er in geistiger Hinsicht zum Beispiel in der Erfahrung, dass er, um geistig produktiv sein zu können, immer häufiger auf maschinelle Unterstützung angewiesen ist. Auch der Verfasser hätte seinen Computer bei der Niederschrift dieses Textes nicht missen wollen; er musste einsehen, dass der Text ohne den PC kaum in dieser Form hätte entstehen können, so deutlich spürbar war der Zwang.

Auch im Großen können wir dieses Scheitern wahrnehmen. Es zeigt sich in allbekannten Erscheinungen in unserem Alltag, zum Beispiel an der immer wieder erfahrenen mangelnden Beherrschbarkeit der Natur durch Technik. Uns wird plötzlich deutlich, welch übertriebenes Bild wir von der

Macht der Idee der Machbarkeit zuweilen zu haben scheinen, und dieser Eindruck macht uns im Innersten betroffen.

Beizeiten zeigt es sich jedoch auch an eher amüsanten Begebenheiten. Als vor kurzem der Jahr-2000-Test für das Globale Positions-System GPS durchgeführt wurde, das unter anderem die Autonavigationsgeräte vieler Nutzer weltweit steuert, führte das Versagen einiger Satelliten des Systems zu einem Zusammenbruch der Navigation im Stadtgebiet Tokios. Aufgrund der unkontrolliert wuchernden Urbanisierung in dieser Region sind die Menschen mehr als irgendwo sonst auf Geräte wie diese angewiesen. Und als vor kurzem in einem der Staaten Saudi Arabiens die Falschmeldung eines Virus kursierte, der angeblich Handys befalle, wechselten mehrere zehntausend Telefonkunden binnen Stunden auf das überaltete Festnetzsystem, das nach kurzer Zeit zusammenbrach. Kaum jemand nutzt in diesem Land, das die höchste Verbreitung an Handy-Nutzern vorweisen kann, noch dieses System.

So tritt uns unser Scheitern besonders leiblich, durch unsere alltäglichen Zwänge und Abhängigkeiten von den zivilisatorischen Errungenschaften, vor Augen. Wir können hier im Scheitern ganz besonders gut verstehen, dass es der Einzelne ist, der im Umgang mit den hoch technisierten Produkten unserer Zeit zu kämpfen hat und schließlich zu der bekannten Frage kommt. Da kann es uns manchmal scheinen, als ginge die technische Entwicklung ihre eigenen Wege – autonome Wege, die mit unseren wahren Wünschen und unstrittig vorhandenen Bedürfnissen längst nichts mehr zu tun haben.

In der Eisenzeit der modernen Industrialisierung, der zweiten Hälfte des 19. Jahrhunderts, war der Mensch noch von Träumen erfüllt, die aus den Anforderungen seiner unmittelbaren Lebensumstände hervorgingen und deren Ursprünge nichts mit hedonistischen Vorstellungen zu tun hatten. Zum Beispiel dem von einer Zehn-Stunden-Woche. Das hätte einige Stunden mehr mit seiner Familie und vielleicht eine um ein paar Jahre verlängerte Lebenserwartung bedeutet. Der 1. Weltkrieg brachte die Verzweiflung an der Kälte der Technik und die plötzliche und unverhältnismäßige Vergegenwärtigung ihrer Macht, den Menschen physisch zugrunde richten zu können. Sie hatte sich die konkrete Lebenswelt erobert und bedrohte den Menschen in seiner Leiblichkeit. Die Zerstörungswut des 2. Weltkrieges hingegen war zumindest in technischer Hinsicht nichts Besonderes mehr. Der Mensch hatte sich an ihre Allgegenwart gewöhnt und sich mit ihrer Allmacht versöhnt. Hinzu kamen einzig die Verfeinerung der technischen Prozesse und die Systematik, mit der die technische Maschinerie durch den Menschen getrimmt wurde. Was im Grabenkrieg 1914–18 noch überraschte, wurde 1939–45 zum Werkzeug in der systematischen Auslöschung menschlichen Lebens.

Nach dem mechanischen und dem elektrischen Zeitalter kämpft der Mensch heute an der Schwelle zum digitalen Zeitalter nicht mehr um die Überwindung existenziell bedrohlicher Missstände. Während sich im Großen die Möglichkeiten der technischen Entwicklung zum Beispiel in der Raumfahrt vervielfacht haben, scheint der Einzelne in der Gesellschaft ein relatives Maximum seiner Lebenserleichterung erreicht zu haben. Er fordert heute die Vergrößerung seines Wohlstandes ein und das vertraglich verbriefte Mehr an Lebenslust, das zu spenden sich die auf Technik gründende Daseinsfürsorge verpflichtet hat.

Die Entwicklung der Technik in den vergangenen rund dreißig bis fünfzig Jahren schlug eine Richtung ein, bei der die Produkte der Technologien sehr viel subtiler wurden. Man kann eine Veränderung in der technischen Methode und ihren Äußerungen in den technischen Errungenschaften feststellen, die ich die «Vergeistigung» der Technik nennen möchte. Der moderne Begriff «virtuell» drückt dasselbe aus.

Wir können Technik, wie wir sie heute kennen, als eine Extension, eine ins Äußerliche gekehrte Verwirklichung unseres geistigen Wesens verstehen – sehr viel stärker als zum Beispiel die Verwirklichung unserer Gliedmaßen, wie es etwa noch im Zeitalter der Mechanik und der Elektrizität der Fall war. Technik war zunächst ganz Sache des Körpers, der Körperkraft und ihres richtigen Einsatzes. Sie war eine Methode, mit der sich Körper in Beziehung zueinander bringen ließen. Sie verwirklichte in der grobschlächtigen vorindustriellen Maschine dieses Verhältnis von Körper zu Körper. Die Dampfmaschine ist ein gutes Beispiel für die Technik im Zeitalter der Mechanik. Zu dieser Zeit war Technik in erster Linie eine Frage an die physische Bewältigungsfähigkeit des Menschen. Das lässt sich leicht an den Verhältnissen in der Arbeiterwelt zur Zeit der frühen Industrialisierung ablesen. Vor der Auffindung der elektrischen Energie kann man in den Maschinen vornehmlich Extensionen unseres Leibes selbst sehen. Während das Rad eine Extension unserer Füße darstellt, stellt der Hammer eine solche unserer Arme und Hände dar. Dieser Interpretation liegt das populäre Modell zugrunde, das in der Technik (Kultur) eine «Veräußerung» der Natur sieht.[32]

Während Technik zunächst auf dem Wege des leiblichen Kontakts wirksam wurde, bewegte sie im elektrischen Zeitalter nur noch den Strom als reine Kraft. Technik wurde energetisch, weil sie elektrische Energie bewegen lernte. Man kann die technologischen Errungenschaften dieser Zeit bereits häufig als Extensionen unserer Sinnesqualitäten interpretieren, wie Sehen, Hören und Spüren. Gute Beispiele sind der Fonograf, der Telegraf oder das Telefon.

Ich glaube, es ist leicht erkennbar, wie sehr sich die Technik des letzten halben Jahrhunderts in ihrer Art ganz besonders an die geistigen Wesensglieder des Menschen richtet. Ihre Apparate transportieren Kenntnisse, Qualifikationen, «Know-how» in nie gesehenem Umfang. Ihre Apparaturen sind immer mehr Ausdruck eines Geistigen und können damit durchaus als Extensionen unseres Nervensystems interpretiert werden, wie dies heute üblicherweise geschieht. Die Technik, mit der wir es heute zu tun haben, fordert den Menschen seelisch und geistig weitaus stärker heraus als leiblich. Sie geht primär nicht mehr mit fassbaren Substanzen um, sondern mit Wissen, mit Informationen. Will man sich die Bedeutung des heute in solch «geistiger» Form bewahrten Wissens vergegenwärtigen, so stelle man sich nur den Ausfall aller diese Daten speichernden Systeme auf der Welt vor. Ohne dieses aufbewahrte, konservierte Wissen wäre die Menschheit der Jahrtausendwende zum Rückfall in die Steinzeit verdammt.

Diese Ausführungen sollen keine Technikgeschichte schreiben, sie wollen Qualitäten differenzieren und diese unter dem Gesichtspunkt unseres Alltags mit der Vergangenheit kontrastieren. Wir erkennen leicht, dass wir noch zu wenig den Fortgang der technischen Entwicklung verstehen, wenn wir einen Blick auf die Art und Weise werfen, wie wir heute mit der

«Ware Information» umgehen. Wir glauben nach wie vor, wir könnten mit Informationen und Kenntnissen wie mit einem mechanischen Werkzeug arbeiten und tätig sein. Wir haben noch nicht verstanden, dass die Verwandlung der Technik in eine virtuelle oder geistige auch von uns die Fähigkeit fordern wird, den neuen Verhältnissen Rechnung zu tragen. Information ist kein in einem imaginären Regal gelagerter Gegenstand, dessen wir uns bedienen, um eine funktional determinierte Aufgabe zu erfüllen. Ihre produktiven Wege sind andere als die mechanischer oder elektrischer Wirkung, denn der Mensch selbst ist in geistiger Hinsicht Mittelpunkt ihrer Wirksamkeit. Wir wissen noch viel zu wenig über den Vorrang und die tatsächliche Bedeutung der Erfahrung vor dem Automatismus der unveränderlichen und vermittelten Kenntnis.

Und je mehr sich die virtuellen Vorgänge der Technik unserer sinnlichen Wahrnehmung entziehen, desto mehr sind wir auf «traditionelle» Fachkenntnisse angewiesen. Das Verhalten der «Fachleute», also derer, von denen wir absolute Kontrolle erwarten, zeigt dies. Wirklich verstanden wird die moderne Hochtechnologie nämlich nur noch von wenigen Spezialisten, die dafür ausgebildet wurden und deren Wissen hoch spezialisiert ist. Alle Nutzer, auch so genannte Fachleute, haben dieses Wissen über die Apparate, mit denen sie umgehen, weitestgehend bereits aus der Hand gegeben. Wird ein Fehler gesucht, dann herrscht auch unter ihnen Instinkt, Ahnung und das Vorgehen nach vorgegebenen Schemata – Fähigkeiten, die man gerade in dieser Branche wohl kaum erwarten würde.

9. Leben in den Chiffren des Technischen

«Die [...] Technik hat das Verhältnis von Mensch zu Mensch veredelt, wirklich menschlicher gemacht im eigentlichen Sinn des Wortes.»

Friedrich Dessauer über die Technik der Jahrhundertwende[33]

Kehren wir noch einmal zu Karl Jaspers und seinem Umgreifenden zurück. Er meinte, dass wir dasjenige, was sich uns als Höheres in den Dingen zeigt, mit denen wir täglich zu tun haben, nur in Zeichen, in Chiffren zu erahnen vermögen. Das Göttliche, um ein Beispiel zu nehmen, kann uns in den seltenen Momenten einer tiefen intimen Begegnung als ein solches Höheres spürbar werden. Wissentlich ergreifen, verstehend durchdringen werden wir es nie, weil es sich uns niemals als ein zu erforschendes Ding zeigt. Sein tatsächliches Wesen ist ein verborgenes. Mit Heidegger könnten wir sagen: Es zeigt sich uns immer als Seiendes, niemals als tatsächliches Sein. «Wir leben in der Welt der Chiffern, in der sich uns zeigen soll, was eigentlich ist, aber sich nicht zeigt, sondern in unendlich sich abwandelnden Bedeutungen bleibt», schreibt Jaspers.[34] Die Orte, an denen für den Menschen das Göttliche in seinen Chiffren fühlbar wird, nennt man mit einem schon recht betagten Begriff aus dem Existenzialismus in der Philosophie die «Grenzsituationen». Der Mensch findet sich in ihnen immer aufs Neue zurückgeworfen auf sich selbst. In diesen Grenzsituationen scheitert er und lernt scheitern. Bei Jaspers waren es zum Beispiel Schuld und Leiden, aber auch Liebe. «Situation wird zu Grenzsituation, wenn sie das Subjekt durch radikale Erschütterung des Daseins zur Existenz erweckt.»[35]

Ich möchte die These vorschlagen, dass es sich bei den technischen Produkten unserer Zeit um solche Chiffren handelt. Sie sind Chiffren für eine Wirksamkeit und eine Herausforderung an uns Nutzer zugleich. Sie sind Chiffren für etwas, was man vielleicht das «Wesen des Technischen» nennen könnte und was in so vielen Chiffren erscheint, wie es technische Ideen in Produkten und im planvollen Handeln gibt. Denn wenn wir aufmerksam beobachten, so können wir heute in den Geräten – wie positiv oder negativ ihre Wirkungen auch immer sein mögen – direkte Beeinflussungen unserer körperlichen, seelischen und geistigen Verfassung sehen.

Zur Zeit der grobschlächtigen Maschine zum Beispiel war der Techniknutzer, der Fabrikarbeiter, primär in seiner körperlichen Verfasstheit herausgefordert. Die mechanische Maschine war eine Herausforderung an den Körper, und damit liegt in ihrem Wesen eigentlich der Angriff auf den Leib. Der Mensch, wollte er neben der Maschine bestehen, hatte sich in eine Anpassung an den Rhythmus der Maschine zu zwingen. Assimilierte er sich nicht, konnte physische Zerstörung die Folge sein. Wir erkennen dies leicht in den schrecklichen Folgen der Industrialisierung, die nur bedingt in den schlechten allgemeinen Arbeitsumständen ihre Ursachen hatten. Das schwerindustrielle Maschinenungetüm an sich war lebensfeindlich.

Wenn wir heute feinsinnig die viel subtiler wirkenden Maschinen unseres Lebensumfelds betrachten, dann kann uns manch andere Wirkung deutlich werden. Zum Beispiel können wir in den Folgen eines übermäßigen Medienkonsums – Fernsehen, Computerspiele oder Film – kraftvolle Herausforderungen an unser sentimentales, unser emotionales Erleben wahrnehmen. Jeder kann das bestätigen, der Stunden vor einem Computerspiel verbracht hat, direkt nach einem langen und bewegenden Kinofilm das Theater verlässt oder eine ähnliche Darbietung anteilnehmend im Fernsehen betrachtet hat. Wir sind, das *spüren* wir, andere für eine gewisse Zeit. Das erkennt auch die Forschung auf diesem Gebiete immer mehr. Jüngst schrieb Gernot Böhme zur Bedeutung und Zukunft der Bildung, dass «eine unbedachte Visualisierung den Imaginationssinn verkommen lasse».[36]

Die Vermutung liegt nahe, dass unterschiedliche Apparate unterschiedliche Wirkungen auf ihre Nutzer ausüben werden. Dabei leihen sich natürlich technische Apparaturen Wirksamkeiten von anderen, auch wenn diese nicht für sie typisch sind. So ist selbstverständlich der Computer ein Stück weit Fernseher und ein Stück weit die grobschlächtige Maschine, wenn wir bemerken, dass wir eine Tastatur benutzen müssen, die eigentlich ein gesundheitliches Risiko darstellt. Was verrät uns aber nun eigentlich die Chiffre der Medientechnik, die Chiffre des Computers, des Internets?

Wir haben gesehen, dass die Medienwelt für uns eine besondere Art der Technik, eine geistige oder virtuelle, darstellen kann. Ich habe im Verlauf meiner Betrachtungen versucht, diese in ihren Facetten deutlicher hervortreten zu lassen. Damit habe ich einen Blick hinter die Chiffre gewagt. Was wäre noch zu sagen, das hier nicht ausgeführt werden konnte? Was, das vielleicht einen Ausblick ermöglichte, auch wenn dieser spekulativ bliebe?

Das Internet wird ganz sicherlich in seiner Wirksamkeit eine ganz andere Maschine sein. Eben weil es prototypisch etwas ganz Neues darstellt. Es ist keine Maschine im gewohnten Sinn mehr. Das ist bereits ein Hinweis auf seine versteckte Wirksamkeit, auf seine Herausforderung. Denn: Der auch im Computer beziehungsweise im Internet mögliche Fernseher kommt uns eigenartig komisch vor. Ist seine Nutzung in diesem neuen Rahmen auch komfortabel und bequem, eigentlich wissen wir, wie viel mehr noch das neue Medium bereithält und wie anders es seinem Wesen nach doch ist. Ich glaube in der Tat nicht, dass wir befürchten müssen, das Internet werde allenfalls ein besserer Fernseher. Auch wenn uns, wie wir im Kapitel «Der benutzte Nutzer» gesehen haben, manches erhalten bleiben wird. Es wird sich anders entwickeln, weil es wesensmäßig ein anderes ist. Es wird sich auf schwer vorauszusehende Art entwickeln, weil sich anderes, auf Geistiges Bezogenes in seinem Wesen aussprechen will.

Die Medientechnik, für die das Internet steht, wird ihre Wirksamkeit vornehmlich auf dem geistigen Gebiet ausüben, das wir modern das der Informationsverbreitung und -manipulation nennen könnten. Zweierlei Impulse scheinen mir vorrangig bedeutsam und gleichzeitig symptomatisch.

Ich habe zu zeigen versucht, dass zum Beispiel in der durch die neuen Medien mit unbeschreiblicher Radikalität und durchdringender Macht verbreitete Uniformität des Wissens, welche den Vorrang der Kenntnis vor der Erfahrung propagiert, eine Wirkung der neuen Technik erblickt werden kann. Das ist keine Wirkung, die von heute auf morgen eintreten kann. Ihre Folgen werden sich langsam ausbilden, vermutlich zu langsam, um sie unmittelbar wahrzunehmen. Oder denken wir vielleicht noch täglich daran, wie es war, miteinander zu sprechen, bevor es das Telefon gab? Oder welch einen Eindruck es machte, ein Theater zu besuchen, vor der Zeit des Fernsehens, des Radios und des Kinos? Die Theorie, dass technische Produkte beileibe nicht mehr nur Mittel zum Zweck sind, sondern ihrerseits «Umgebungen» schaffen, die neue Ziele setzen, neue Ansprüche formulieren, neues Handeln, Denken und Wahrnehmen fordern und auch in Besitz nehmen, gehört längst zum Forschungsbereich der Technikphilosophie. Wir werden noch darauf eingehen müssen, was getan werden kann, wenn wir endlich im Computer nicht nur die «Multimedia-Maschine» zur Arbeitserleichterung sehen, sondern den wirksamen Faktor, der Leben, Denken, Fühlen und Wollen tagtäglich und so sublim verändert, dass wir es nicht merken.[37] Und das ist eine Feststellung, die noch ganz ohne Rekurs auf potenzielle «spirituelle» Wirksamkeiten auskommt. Dass die Informationstechniken diese Entwicklung fortsetzen werden, scheint mir gewiss. Inwiefern dies aufgrund ihres besonderen Charakters auch auf einzigartige Weise geschehen wird, bleibt zu untersuchen.

Die «neue Welt» der Wissensbausteine und des Sinnpluralismus, die ich oben zu skizzieren versucht habe, kann in den Dienst jedweder Ideologie wie auch großer Ideen gestellt werden. Die amorphe Struktur der neuen Technik schafft erst die technische Grundlage für ein sich permanent wandelndes Wissen, das keinerlei Wert mehr darauf legen kann, in individueller Erkenntnisarbeit erworben zu werden. Jeder kann heute Wissen direkt manipulieren. Jeder kann selbst elektronisch publizieren.

Es scheint nicht zu hoch gegriffen, wenn wir vermuten, dass die neuen Wissenswelten der Netze, aus bekannten Wissensräumen entstanden, mit der individuellen geistigen Verfasstheit ihrer Nutzer kollidieren werden, die es schlicht nicht gewohnt sind, «online» nicht nur zu nutzen, sondern auch zu leben. Schon heute ist das Problem des «Vertrauens in die Maschine» eine der akutesten Fragen der Technikphilosophie, und das ist nur der Anfang.[38] Kraft zur Selbstfindung und Selbstsetzung, Fähigkeit zur Orientierung durch Unterscheidung von «Du» und «Ich» und «Wir», die Befähigung zur Differenzierung von «Innen» und «Außen» sind Begriffe, die Gefahrenkomplexe im sonst üblichen Begriffsgewirr von «Dezentralisation» und «vernetztem Denken» vielleicht anschaulicher machen können. Es sind wieder Fragen, die auch und gerade den individuellen Nutzer herausfordern werden. Denn unterwegs auf Datenreise sind die Fragen nach dem «Wo bin ich?» und «Wer bin ich?» nicht nur psychologischer, sondern vor allem philosophischer Natur. Ein Individualismus, nie wirklich erworben, weil es um ihn nie wirklich ging, wird sich kaum zurechtfinden zwischen mangelndem, weil in Frage gestelltem Ich-Bewusstsein und den Versprechungen einer tatsächlich nie zu erringenden Gemeinschaft, die sich nicht wesentlich von dem unterscheiden, was in den «alten» Medien immer üblich war.

Die «neue Ortlosigkeit» könnte einen erneuten Aufschwung von Gruppenstrukturen ideologischer Natur zur Folge haben, die sich den veränderten Verhältnissen anpassen. Das Internet ist schon heute, wie wir gesehen haben, eine Spielwiese für Ideologien und Ideologen. Wir erkennen in der realen Welt, dass gefallene Grenzen nicht unbedingt normale politische Beziehungen geschweige denn sofortigen Frieden bewirken. Das ist eigentlich selbstverständlich, trotzdem sind wir gewohnt, begrifflich in menschliche Lebenssphären auszugreifen, wenn wir die Welt der Maschinen beschreiben. Ansätze erkennen wir bereits in den Anstrengungen, der kriminellen Netz-Subkulturen über internationale Organisationen Herr zu werden. Vermutlich wird sich die «virtuelle» Entwicklung genauso fortsetzen wie in der realen Welt. Möglicherweise sitzen die Kriminellen dann aber allein aufgrund rein technischer Möglichkeiten häufiger am längeren Hebel.

Das Internet wird kein «virtuelles Amerika» sein, keine «neue Welt», in der man noch mal ganz von vorne anfangen könnte. Es wird keine «unbeschränkten Möglichkeiten» bieten, auch wenn uns viele Zeichen heute darauf hinzudeuten scheinen. Auch potenzielle Nachfolger werden daran nichts ändern, solange das Internet so ist wie die reale Welt, versehen nur mit dem Nimbus einer technischen Novität und einer mystischen Aura des Geheimnisvollen, die es nur so lange besitzt, wie es unbekannt ist. Es übernimmt all die konventionalisierten und konditionierten Weisen, die wir schon heute zu ertragen gewohnt sind: wie wir uns sehen, uns begegnen und miteinander umgehen in einer längst durch und durch mediatisierten Welt. Den Wildwuchs ideologisch aufgeladener neuer Formen wird es nicht ohne weiteres kontrollieren können. So real zu sein wie die reale Welt, sind das Netz und seine Weiterentwicklungen auf ewig bestimmt. Virtualität zu einer Welt zu stilisieren, in der die Regeln dieser Welt keine Gültigkeit haben, ist vielleicht der größte Fehler ihrer Visionäre.

In einem vorläufigen Fazit können wir nur die Unausweichlichkeit der technischen Konfrontation und deshalb der technologischen Aufklärung feststellen. Erstere bedingt letztere. Aber wie wird die Welt, in der wir leben, in ihren Gegenständen aussehen? Was wird aus den technischen Produkten, die wir heute kennen? Wo wird die Konfrontation stattfinden?

Die *Virtualität* der Medientechnik erlaubt erst die Allgegenwart der Apparate. Sie verlagert die eigentliche Technik und damit die eigentliche Wirksamkeit vom realen in den virtuellen Raum, in dem Technik mit sich selbst kommuniziert. Nur was so nicht an einen bestimmten Standort gebunden ist, taugt zur vollständigen Durchsetzung unserer Lebenswelt, zu ihrer totalen Vernetzung. Trotzdem wird es nur über hoch komplexe Geräte und Apparaturen möglich sein, auf diese Daten zuzugreifen und sie zu nutzen – oder anders gesagt: am globalen Ereignis Technik teilzunehmen. Diese werden immer mehr Funktionen in sich vereinen, zum Beispiel den Fernseher, das Radio, unseren heutigen Computer – nur in stark verwandelter Form – und natürlich den Internet-Zugang. Gleichzeitig werden sie immer kleiner und billiger werden, um sich unserem Lebensraum optimal anpassen zu können; der faktische Anschluss an die Datenwelt wird allein durch die Gewöhnung an seine Allgegenwart zur ideellen Lebensnotwendigkeit werden. Genauso, wie es mit dem Telefon oder den Annehmlichkeiten eines modernen Haushalts geschehen ist.

Die Struktur, Logistik und Systematik in der Informationsvermittlung und der Steuerung ihrer Wirkung werden von besonderer Bedeutung werden, möglicherweise bis hin zur Etablierung ganz neuer Berufs- und Industriezweige. Konzertierte Beeinflussung und die Erweckung noch weitaus intensiverer Scheinbedürfnisse werden dem Begriff des Massenmediums vermutlich eine ganz neue Bedeutung verleihen. Das alte Wort des Philosophen Arthur Schopenhauer, dass die Welt einzig unsere Vorstellung und unser Wille sei, wird eine neue, aktuelle Bedeutung erhalten. Und diese Einsicht wird nicht nur hingenommen, sie wird bewusst genutzt werden, ebenso wie die

Tabakindustrie schon heute um die tödliche Wirkung ihrer Produkte weiß und diesen Umstand profitabel ausnützt. Gegen sie vorgegangen werden kann nicht, weil es sich um einen etablierten Industriezweig handelt. So werden die Medien sehr viel stärker als heute die Welt formen, die wir zu sehen glauben.

Zweifelhaft scheint mir jedoch, dass der Unterschied in den Möglichkeiten der Teilnahme an der globalen Informationsversorgung zwischen Erster und Dritter Welt, wie heute befürchtet, zu den Hauptproblemen der Zukunft gehören wird. Es herrscht die weit verbreitete Ansicht, man müsse einem weiteren Auseinanderklaffen der «Schere der Versorgung mit Information und Wissen» zwischen Nord und Süd entgegenwirken. Aber wir wissen heute, dass sich selbst in den ärmsten Familien ein Fernseher findet. Wo kaum Nahrung und Wasser ist, ist die «Glotze», die Information, die hier zum nutzlosesten Wissen überhaupt geworden ist, immer noch allgegenwärtig. Ähnlich wird es sich mit den Geräten der Zukunft verhalten. Das Problem der mangelnden Versorgung mit Informationen und Hochtechnologien ist mit Sicherheit nicht eines der vorrangigen Probleme der Dritten Welt und wird es vermutlich auch auf lange Sicht nicht werden. Nicht diese Frage, sondern jene, die auch hinter dem Beispiel des Fernsehers steht, wird immer mehr zu einer drängenden werden; nicht der *Erhalt* von Information wird zum Problem werden, sondern das *Auskommen* mit ihr. Und diese Frage lautet einmal mehr: «Wie leben mit Technik?»

Wir können stattdessen erwarten, dass in nur wenigen Jahrzehnten der Multimedia-Anschluss zur Standardeinrichtung *jeder* menschlichen Behausung gehören wird. Auch unterwegs wird uns überall die Möglichkeit geboten werden, uns in die weltweiten Datenströme «einzuklinken». Denn mit den verschwindenden und vernetzten technischen Produkten haben wir auch unsere neu gewonnene Mobilität und Unabhängigkeit lieben und verehren gelernt – egal, ob wir sie tatsächlich brauchen oder nicht. Flüchten wir heute aus dem «Trubel des Alltags» in die Einsamkeit einer wenigstens halbwegs kultivierten Natur, so wird es dieses «Draußen» in kaum fünfzig Jahren nicht mehr geben. Wo die Technik dank der Entbindung von der Stofflichkeit der großen Maschine die Welt vernetzt, wird ein Außerhalb nicht nur unmöglich werden, sondern für den Bürger der Zukunft ein vollkommen unsinniger Begriff sein. Wo in der total vernetzten Kultur jeder überall zu sein vermag, ist die Idee einer «anderen Welt» jedes Inhalts beraubt.

Das Gerät als Produkt der Technik wird eine immer größere Bedeutung sowohl als Statussymbol wie auch als lebensnotwendiges Kleinod für den Informationszugriff erlangen. Ohne es wird es nicht mehr möglich sein, ein menschenwürdiges Leben zu führen, will man kulturell innerhalb des gewohnten zivilisatorischen Kontextes bleiben, ein sozialisierter Mensch bleiben. Zu groß werden die ideellen und wirtschaftlichen Zwänge und Abhängigkeiten geworden sein, als dass man auf es noch verzichten könnte, geschweige denn wollte. Denken wir nur an unseren Fernseher und vergessen wir nicht: Das Problem ist nicht der Fernseher, sondern wir benutzte Nutzer, die den Ausstieg aus der Fernsehwelt nicht schaffen, der gleichzeitig einer aus der zivilisierten Welt wäre.

Vermutlich wird sich die Isolationsproblematik unter den Datenreisenden, die wir heute bereits im Internet erleben, weiter verschärfen. Aber wir können nicht wissen, welche Fähigkeiten der seelischen und geistigen Abschottung wir entwickeln werden, um dem Informationsüberdruss zu entgehen. Gerade darin wird eine Herausforderung liegen.

Am Beispiel der Scheinbedürfnisse haben wir gesehen, wie der individuelle Nutzer zu einem scheinbaren Weltbürger gemacht wird, dessen Welt eine kalte des technischen Paradigmas und der bloßen Information ist und die ihn als Lebensraum nicht befriedigen wird. Der Einzelne wird sich als sich selbst entzogen wahrnehmen. Die Netzwelt wird ihn fallen lassen in der Ungreifbarkeit des globalen Dorfes, irgendwo im Niemandsland zwischen niemals geübter Selbstvergewisserung und andauernder Scheinzugehörigkeit zu einer Gesellschaft, die sich aus Bits und Bytes jedoch nur schwer rekonstruieren lässt.

Das naturwissenschaftliche Prinzip der Abbildbarkeit im Gegenständlichen und der Intoleranz gegenüber dem, was nicht abbildbar ist, wird ungemein präsenter in die alltägliche Lebenswelt einfließen und unsere Art, wie wir die Welt sehen, sehr viel nachhaltiger bestimmen als heute – nicht nur über die schon verborgen wirksamen Dogmen des Denkens, sondern ebenso über die Modi unseres eigenen Handelns, das sich wandeln wird. Wir werden uns daran gewöhnen müssen, dass nicht nur die Welt, in Information gegossen, zu einer handelbaren und verhandelbaren Ware werden wird, sondern auch wir selbst auf eine gewisse Weise und in unvorstellbar größerem Umfang als heute in unserem eigenen Körper körperlich veräußerlicht sind. Das seelische Rudiment, das eben nicht in Bits und Bytes auszudrücken ist, wird in einer solchen Welt wertlos sein.

Dabei ist wahrscheinlich, dass sich die Folgen eines Hineinwachsens der Technikwelt in den menschlichen Lebensraum zunächst kaum bemerkbar machen werden. Rund ein halbes Jahrhundert hat es gedauert, bis wir über die Implikationen des Gebrauchs der «alten» Massenmedien wie des Fernsehers auch nur ansatzweise Klarheit erlangt haben. Absehbare seelische Deformationen werden sich, wie gesehen, in Orientierungslosigkeit oder in Schwierigkeiten bei der Identitätsfindung und der Gemeinschaftsfähigkeit kenntlich machen. Wir wissen nicht, wo die Grenzen unserer Unterscheidungsfähigkeiten liegen, wenn die Welt noch einmal in einem viel höheren Maße als heute in Zahlen auszudrücken sein wird. Wir wissen nicht, wo in Kopf und Seele die Grenzen zwischen Ich und Welt verschwimmen, wenn diese in der primären Lebenswelt der Netze längst nicht mehr als solche vorhanden sind und die Fähigkeiten zu ihrem Erkennen auch in den ersten Klassen nicht mehr gelehrt werden. Denn schon heute können wir die Unterrichtsbestrebungen auffassen als Versuche der *Individualitätsüberwindung* oder *Ich-Entfremdung*. Kinder sollen in der Grundschule bereits lernen, wie sich die Grenzen zwischen ihnen und der Welt unsichtbar machen lassen. Diese Unterrichtsansätze sind Anleitungen zur Teilnahme an einem Massenphänomen; die Bedeutung von dessen eigentlicher Herausforderung zum Individualismus bleibt unerkannt. Der Mensch wird im Internet zum Apparat, zum Gerät, zur Applikation, die entweder *online* ist oder *offline*. Dieser Zustandsunterschied wird bedeutsam werden. Wir werden selten offline sein können, weil unser ideelles und faktisches Überleben davon abhängen wird. Und wir werden es selten wollen, weil wir uns ein selbst-erfülltes Leben außerhalb dieser zwei Zustände nicht mehr werden vorstellen können.

Vergegenwärtigen wir uns die uns zur Verfügung stehenden Ansichten auf die augenblickliche Medienwelt und wagen wir den spekulativen Ausblick, dann wird uns eines ganz gewiss: Telekommunikation wird, wie Peter Sloterdijk ganz richtig erkannte, das Umgreifende wirkungsvoll und mit allen verfügbaren Mitteln für uns nachspielen, wenn wir nicht *individuell* lernen, ihre Methoden aufzudecken, zu dechiffrieren. Es wird sich eine Welt vor unseren Augen entfalten, die sehr viel mehr als heute eine Welt des schönen Scheines sein wird. Wir können nach dem, was wir bisher über den Charakter der modernen Technik gehört haben, die Vermutung äußern: Der Mensch wird in eine Welt der Chiffren des Technischen hineinwachsen. Er wird sich mit großer Selbstverständlichkeit in den Umgang mit diesen immer neuen Chiffren der zukünftigen Medienwelt *hineinfühlen*. Die Welt der Zukunft selbst wird eine Chiffre sein.

Damit sich technologische Aufklärung in Zukunft nicht auf die wehmutsvolle Rede von der versunkenen Welt beschränkt, wird es zur engagierten Arbeit werden müssen, die Grenzsituationen in Zukunft aufzudecken. Ganz sicher können wir sein, dass es diese geben wird. Ganz am Anfang wird der Erwerb einer Sensibilität für die Chiffren des Technischen stehen. Es wird um den Erwerb von Erkenntnisfähigkeiten gehen müssen. Im letzten Teil dieser Arbeit soll es darum gehen, auf die Suche nach den Orten zu gehen, an denen die Grenzsituationen noch möglich sein werden in der Medienzukunft. Wie also eine *Zukunft für die Medienwelt* und damit für den Menschen denkbar sein kann, ist unsere abschließende Frage.

III.

Zukunft für die Medienwelt

10. Fertigkeit und Fähigkeit

«Lesen und Schreiben im emphatischen Sinne, das ist das, was einem der Computer nicht abnehmen kann.»

Gernot Böhme[39]

Der Technik ist nicht zu entrinnen. Wo immer wir uns aufhalten: immer wissen wir auch, dass unsere Abhängigkeit von den modernen Medien bis auf unser physisches, seelisches und geistiges *Sein* weist. Wir können uns ganz gewiss sein: Ohne die Technik wären wir als Mitmenschen nicht so, *wie* wir sind. Und wir wissen ebenso, dass wir nicht ohne sie *sein* könnten. Der Glaube, in einem Akt des Zivilisationsentzugs könnten wir uns selbst aus der technokratischen Welt der Zukunft entfernen, ist eine Illusion. Handeln wir auch nicht immer unter Zuhilfenahme von Apparaten oder unmittelbar im Dienste des Fortschritts, so ist doch die Welt, die uns ja erst den Entzug ermöglicht, eine technisierte, sind ihre Menschen dauernde Mitwirkende am Prinzip, das dieser Welt ihre Ordnung gibt. Zu zeigen, dass dies nicht notwendig bewusst und absichtsvoll geschehen muss, war auch Aufgabe dieses Buches. Weil Technik nicht ohne uns ist und wir ohne Technik, unsere Schöpfung, niemals sein werden, ist sie unsere Erkenntnisaufgabe wie unsere Erkenntnischance gleichermaßen. Der Mensch ist nur in der Welt Mensch und die Welt nur eine menschenwürdige durch sein tätiges Anteilnehmen. Eben weil sie in ihren Chiffren immer allgegenwärtiger, ihr Entdecken aber mit unserem zunehmend unbewussten Hineinfühlen in einen Lebenszusammenhang immer konfliktreicher werden wird, ist die fortwährende individuelle *Bewährung* an ihr so notwendig. Wir vergewissern uns unserer selbst in der Begegnung mit ihr.

Also ist die Goethesche Sinnverwirrung kein irreparabler Zustand. So wie wir uns in der Sinnestäuschung und auch im Blick durch das Mikroskop und das Fernglas an den neuen Anblick derart gewöhnen können, dass der neu entdeckte Mikrokosmos in unserer Fantasie zu unserem Zuhause werden kann, ebenso werden wir uns in die Welt der neuen Technik hineinleben. Der Medienmensch wird vermutlich nicht einmal bemerken, dass er im Begriff ist, anderes zu verlieren, so wenig, wie es den unzähligen Konsumenten fortwährend bewusst ist, was eine Wahrnehmung zu sein vermag, die nicht vom Reizüberfluss eines reaktiven Mediums wie des Fernsehens unterdrückt wird. Schaut man durch das Fernrohr, ist der Rest der Welt ausgeblendet. Gleichzeitig rückt das vormals Unbekannte nahe heran und wird zum Mittelpunkt des Interesses. Gewöhnt man sich an die neue Perspektive, vergisst man allzu leicht die alte.

Das Auffinden der Grenzsituationen wird zur Erkenntnisarbeit und damit zu einer Sache der individuellen Erkenntnisfähigkeiten werden. So bleibt für den Medienmenschen neben der Flucht der andere Weg: das Chiffren-Erleben durch ein Bewusstsein, das sich seiner Grenzen und Möglichkeiten bewusst ist, für ihn fruchtbar zu machen. Was sind die Grenzen, was sind die Möglichkeiten? Darum soll es hier im letzten Teil gehen. Es ist also nun zu fragen, wie für den Menschen eine Zukunft gestaltbar werden kann, die wir heute noch über uns hereinbrechen sehen und die uns in neuen Formen des «Miteinanderseins» und «Zusammenkommens» wie dem Internet so unnahbar, weitläufig und menschlich unfruchtbar erscheint. Darüber hinaus ist zu fragen, welche Kompetenzen für die «schöne neue Medienwelt» der Zukunft notwendig sind und wie diese zukunftstauglich vermittelt werden können.

Die Menschen, die derzeit den Grundstein dafür legen möchten, dass wir in der Zukunft in der Lage sein werden, uns verantwortungsbewusst in der Medienwelt zurechtzufinden, sehen ihn am liebsten bereits in der Schule gelegt. Sie gehen durchaus nicht fehl in ihrer Ansicht. Es wird in Zukunft selbstverständlich zu den Hauptaufgaben gehören, eine pädagogische Grundlage zu erarbeiten, die auf die Entwicklungen der Zeit antwortet; diese Tendenzen werden zu den rasanten Entwicklungen in der unmittelbaren Lebenswelt eines jeden Kindes gehören. Es ist allein deshalb eine wichtige pädagogische Aufgabe, weil wir nicht wollen können, dass jeder es irgendwie mit allen dabei nicht zu kalkulierenden Risiken wie Sucht, Abhängigkeit, seelischen und geistigen Deformationen erlernt. Dies wird auch den praktischen Umgang mit den Maschinen der Zukunft einschließen müssen.

Aber die Bedienung eines Computers ist heute beileibe nicht so kompliziert, wie dies in der Diskussion um die Einführung von Computern in der Grundschule erscheinen mag. Und sie stellt, wie wir oben sahen, weitaus weniger Anforderungen an eine ausgefeilte Erziehung, die sich explizit dem Erlernen solcher Fertigkeiten zur Medienkompetenz widmen soll. So benötigen Nutzer des Internets ein sehr viel kleineres «Set» solcher Befähigungen, was die Bedienung ihrer Apparate betrifft. Sie brauchen keine Cyberspace-Anzüge, laufen nicht täglich durch «virtuelle Realitäten», benutzen keine drucksensitiven Handschuhe und benötigen auch keine Spezialausbildung in

Navigation und Steuerung futuristischer Gerätschaften. Kurz: Sie steuern kein Raumschiff durch unendliche Weiten des Weltraums; sie bedienen einfach nur eine Maschine.

Was die Schüler vielmehr lernen werden – und das geschieht ganz automatisch, wie jeder Computer-Profi aus eigener Erfahrung weiß –, ist, ein Gespür für die «eigenen Wege» der Hardware und Software, der Geräte und ihrer Programme zu entwickeln. Das Internet ist auf seiner technischen Ebene wenig mehr als ein überdimensionales Programm, das ohne Unterbrechung von einer Unzahl von parallel laufenden Computern ausgeführt wird, während seine Nutzer nach Belieben in den Programmfluss eingreifen und diesen modifizieren. Diese Software unterscheidet sich dabei natürlich von Programm zu Programm. Ist jedoch das Prinzip des Umgangs einmal verstanden, findet sich der geübte Computernutzer in der Stereotypie nahezu jedes – auch nicht-internet-basierten – Programms auf Anhieb zurecht, das sich an SAA-Richtlinien, den Grundregeln für das Aussehen und die Benutzerführung in Programmen, orientiert. Darüber hinausgehende Kenntnisse wären viel zu speziell und sind hochgradig an das entsprechende berufliche Umfeld gebunden, als dass es sinnvoll wäre, sie schon in der Schule zu vermitteln.

So lässt sich die Bedienung eines Computers wesentlich in wenigen *Grundfertigkeiten* zusammenfassen, die sich an den Mustern der internen Datenverarbeitung in den Geräten orientieren, wie wir sie bereits kennen gelernt haben: Verständnis für das System, das Prinzip und den Algorhythmus in stereotypen Verwendungsweisen, Verständnis für die Eigendynamik hoch komplexer Systeme in unterschiedlichen Anwendungssituationen (Instinkt, Ahnung und Erfahrung), visuelle Koordinationsfähigkeit in der Bedienung, Fähigkeit zum sequenziellen und folgerichtigen (programmartigen) Denken.

Damit wird jedoch sofort das Prinzip von computerbezogenen Fertigkeiten überhaupt deutlich: Sie sind so gleichförmig wie die Prozesse in den Geräten. Nicht die Fertigkeiten führen zu interaktiven, bunten, abwechslungsreichen und multimedialen Erlebnissen, sondern die sozialen, kommunikativen und koordinativen Fähigkeiten des Nutzers. Von den unterschiedlichen Aufgaben, welche die einzelnen Programme erfüllen, einmal abgesehen, gibt es kaum nennenswerte Unterschiede, auf die sich der versierte Bediener einstellen müsste. Das gilt ebenso für zukünftige Techniken und die Bedienung von Maschinen jedweder Art, solange sie durch Computer gesteuert werden und ihre Bedienung über heutzutage weitestgehend standardisierte «Interfaces», also visuelle, grafisch gestaltete Bedienflächen, funktioniert. Jeder Profi kennt den Effekt, dass das eigene Auge und die Hand an der Maus zum Beispiel bei einer Vorführung längst das Wesentliche auf dem Bildschirm erfasst haben und weitereilen, während der unbedarfte Zuschauer, dem vorgeführt wird, noch damit befasst ist, sich überhaupt in dem Gewirr von Farben und Bildern zurechtzufinden. Die Fertigkeit des verständigen Umgangs mit dem Computer beruht auf dem Erlernen von uniformen Mustern der Eingabe von Daten (Input) und der Ausgabe, dem Auslesen dieser Daten (Output). Dazu ist allenfalls eine durch Übung sehr schnell anzueignende Form der visuellen Koordination notwendig.

Ihr Erwerb stellt in gewisser Weise eine regelrechte Konditionierung des Nutzers dar. Denn er muss sich natürlich auf die Maschine einlassen, um sie nutzen zu können. Das elek tronische Sprachsystem am Telefon, das den Anrufer wie einen Menschen begrüßen und weiterleiten soll, wird noch lange brauchen, bis man mit ihm wie mit einem Menschen sprechen kann. Ebenso auffällig die modernen Spracherkennungssysteme, mit deren Hilfe es dem Nutzer möglich wird, mit seinem Computer zu sprechen, Texte zu diktieren und durch das Internet zu navigieren – schneller, als das eine professionelle Sekretärin je könnte. Wir können auch noch nicht mit dem Geldautomaten in der Bank sprechen, und auch der Verfasser musste sich noch weitestgehend einer konventionellen Tastatur bedienen, um diese Zeilen zu schreiben. Das sind augenfällige Beispiele, an denen sichtbar wird, dass der Nutzer der Maschine auch hierin wieder auf eine ganz besondere Art vom stereotypen Wesen des Technischen vereinnahmt, ja in seiner Handlungsfreiheit missbraucht wird.

Wir können daraus eine grundlegende Einsicht gewinnen. Projekte (wie das bereits genannte «Schulen ans Netz»), die derzeit die Meinung der Verantwortlichen in Bezug auf die Entwicklung der Erziehung im neuen Jahrtausend repräsentieren, haben ein fundamentales Problem. Sie sind nicht in der Lage, fähigkeitsbildend zu wirken, denn sie wollen gar keine Fähigkeiten vermitteln, sondern Fertigkeiten. Eben die Fertigkeiten, die ich gerade versucht habe zu schildern, die wir jedoch als sekundär für den Umgang mit der Maschine erkennen müssen.

Bei Projekten wie diesen geht man immer noch mit beneidenswerter Naivität vor, indem man eben das in den Mittelpunkt der Aktivitäten stellt, von dem man selbst behauptet, dass es nur Werkzeug sein darf: die Maschine, der Computer, das Internet. So man die Bedeutung der Maschinen als Werkzeuge tatsächlich erkennt, ist häufig der Sinn (oder Unsinn) dessen, wofür die Apparate und erworbenen Fertigkeiten eingesetzt werden, nicht deutlich. Ron Sommer, der Konzernchef der Deutschen Telekom AG, betonte kürzlich noch einmal, dass in jeden Schulranzen eines Grundschülers ein Laptop gehöre. Er hat damit tatsächlich ein weiteres Mal das Unvermögen der Verantwortlichen bestätigt, die Bedeutung des Internets als neue paradigmatische Technik für die Lebenswelt der Zukunft zu erkennen. Nicht der Erwerb von Fertigkeiten wird immer bedeutungsvoller, sondern die bewusste Aneignung von Fundamentalfähigkeiten.

Doch statt diese benötigten Fähigkeiten zu bilden, können Initiativen wie das SAN-Projekt nur Fertigkeiten vermitteln, indem sie Prozesse einüben, Abläufe studieren und damit Schemata des Denkens und Handelns erzeugen und ihnen folgen. Unternehmungen wie diese sind theoretische Gebilde. Sie sind organisierte Verfahren auf der Grundlage methodischer Überzeugungen davon, wie es pädagogisch zu machen sei, Kinder zu kompetenten Mediennutzern heranzuziehen. Die besonderen seelischen und geistigen Dispositionen der Kinder, die auch ihre Reaktion auf die neue Medienwelt bestimmen werden, sind dabei völlig nebensächlich. Die Unternehmungen passen in Wirklichkeit die menschliche Wahrnehmungswelt der maschinellen an, indem sie den späteren Nutzer an ihre Arbeitsmuster gewöhnen. Die Technik selbst, deren Verwendung vermittelt werden soll, ist dabei zuweilen derart modern, dass selbst diejenigen, die diese Projekte ins Leben rufen, nicht verstehen, wie das, was sie da propagieren, eigentlich tatsächlich funktioniert. Geschweige denn besteht eine genaue Kenntnis der Folgen, die eine so frühe Nutzung nach sich ziehen kann. Eine einschlägige Fachzeitschrift der Computerbranche berichtete jüngst, dass das genannte Projekt nun, nachdem es rund 15.000 Schulen (Herbst/Winter 1999) mit einem Internet-Zugang ausgestattet habe, vor einem weit schwerwiegenderen Problem stehe: Nicht die Lehrer erklärten den Kindern, sondern vielmehr die Kinder den Lehrern, wie das Internet funktioniert.

In unserer Betrachtung über das Leben in den Netzwelten, das denselben Zwängen und Abhängigkeiten der konsumorientierten nicht-virtuellen Welt unterliegt, haben wir festgestellt, dass die Maschine als Fetisch hier die zentrale Rolle spielt. Wir können erkennen, dass auch die so genannte «zeitgemäße» Pädagogik in ihrem Glauben an den Wert bloßer Fertigkeiten die Maschine als Erlebnis und «Zeitgenuss» in den Mittelpunkt stellt. Die Maschine ist auch hier der Mittelpunkt, um den sich das Interesse zum Beispiel im obligatorischen Computerunterricht dreht. Industrien und Ideologien stehen hinter seinem Image. Diese Industrien arbeiten daran, ihre Macht bis in die Klassenzimmer auszudehnen. Wer bereits von Kindesbeinen an mit einem bestimmten Markennamen in Kontakt kam, der werde auch später das «richtige» Softwareprogramm nutzen, die «richtigen» Geräte kaufen. An den Universitäten ist ein solches Vorgehen lange gang und gäbe.

Die Firmen, die diese Industrien vertreten, plädieren gemeinsam mit den Erziehungsverantwortlichen für die Anschaffung sündhaft teurer Maschinenparks, die nach kürzester Zeit veraltet sein werden und erneut modernisiert werden müssen. Pädagogen besuchen Seminare – häufig ausgerichtet von eben diesen Firmen, die später Ausrüstung und Programme liefern sollen. Mir ist nicht bekannt, dass die Zigarettenindustrie sich entschlossen hätte, Seminare für gesundes Leben zu veranstalten. Auf diese Weise hat sich eine ganze Erziehungsbranche in der Computerwelt entwickelt, deren Umsätze mit kindgerechter Software einem immensen Boom unterworfen sind. Es fällt nicht schwer, hier die Zusammenhänge zu erkennen.

Das Problem ist nur, dass die Spirale des Fortschritts, die immer neue Fertigkeiten fordert, auch in Zukunft nicht stillstehen wird. Die persönliche Technik wird den Einzelnen in Zukunft in eine Welt der unendlichen Fertigkeiten entlassen, in der es immer mehr zu können gilt, und ihm eine unendliche Anzahl ständig variierender Inhalte anvertrauen, ohne ihm den Wert von Fundamentalfähigkeiten wie zum Beispiel der Imagination zu vermitteln, die ihn solche Inhalte erst handhaben lassen. In der Welt des Internets zählt der Inhalt des Bildes, der Gehalt des Textes, nicht die Bedeutung von Text und Bild als Formen der individuellen Selbstverwirklichung. Was in der realen Welt Fundamentalfähigkeit ist, besitzt in der Netzwelt nur mehr die Bedeutung eines Containers für den sich ständig ändernden Inhalt. Wir haben gesehen, dass das Internet ein Beispiel dafür ist, wie das Bewusstsein für eine große Zahl neuer Fertigkeiten geschaffen werden kann, die sich jedoch alle wesensgemäß stereotyp zueinander verhalten. Solange also Projekt, Unterricht, Arbeits- und auch immer mehr das Familienleben um die Maschine kreist, bleibt diese Mittelpunkt der Aufmerksamkeit und ein solcher Unterricht Spielerei mit dem blanken Effekt und dem nackten Pathos, das der Fetisch Maschine verbreitet.

Eben weil das Internet und die zukünftigen Netztechniken ein unausgesprochener Aufruf zum Individualismus sind, weil die persönliche Technik den Menschen als Individuum herausfordert, ist der Erwerb derartiger Fähigkeiten so eminent wichtig. Sich als Individuum auf Inhalt und ihre Verwirklichungsformen zu beziehen, sich unter lauter Meinungen beziehungs- und bezugsfähig zu machen, wird zu den Herausforderungen gehören, die in der Netzwelt an der Tagesordnung sein werden. Deshalb muss die Fähigkeitsbildung vor dem Fertigkeitserwerb nicht nur im Mittelpunkt eines Lehrplanes der Zukunft, sondern überhaupt des Interesses zur Bildung einer Medienkompetenz stehen. Dies einzusehen ist die natürliche Folge einer Sensibilisierung für die Sprache der neuen Medien, die eine andere ist und sein wird als diejenige, die wir gewohnt sind.

11. Was ist Medienkompetenz?

> «Die Möglichkeit existiert, dass es Ma-
> schinen-Renegaten geben wird, die sich
> der Kontrolle der menschlichen Zivili-
> sation entziehen und zerstörerisch agie-
> ren. [...] Um [Kooperation] zu gewähr-
> leisten, benötigen wir dann aber zumin-
> dest eine Techno-Elite, eine Prätorianer-
> garde, High-Tech-Hohepriester, die den
> großen Rest der überwiegend ‹dümme-
> ren› Menschen lenkt und kontrolliert.
> Eine wirkliche Privatsphäre haben wir
> überdies wohl auch nicht mehr, weil
> sich jeder bei jedem einklinken kann.»
>
> *Ray Kurzweil* [40]

Jeder kennt den Moment, in dem man nach einem langen
Gespräch ausrufen möchte: «Das müssen wir noch einmal
persönlich besprechen!» oder: «Das hätte ich aber gerne
schwarz auf weiß.» Wir wissen aufgrund unserer medialen
Kompetenz, die eigentlich eine soziale Kompetenz ist, genau,
dass sich Liebeserklärungen, Kündigungen oder Beileidsbe-
zeugungen nur sehr unvollkommen über das Telefon vermitteln lassen. Und wir vermeiden dies auch konsequent, wenn
wir ein Medium wie das Telefon nutzen. Wir sind unbewusst
medienkompetent. Und diese Fähigkeit hat rein gar nichts
mit unserem Vermögen zu tun, ein Telefon fachkundig zu
bedienen.

Wir haben vielmehr von Kindesbeinen an gelernt, nicht

diese Medien zu *benutzen*, sondern mit ihnen zu *leben*. Das richtige Verhalten liegt uns quasi «im Blut». Wir haben uns an die «Sprache» der Medien gewöhnt, an das innere Wesen unserer «Gespräche» mit ihnen, aber selten wird uns das tatsächlich bewusst. Das mag uns beim Telefon oder beim Radio wenig problematisch erscheinen. Es bleiben verhältnismäßig wenige Möglichkeiten zu ihrem Missbrauch. Anders ist das schon beim Fernseher, ganz anders dann beim Computer oder im Internet.

Ich glaube, es ist leicht einsichtig, wie komplex der Begriff Medienkompetenz eigentlich ist und wie wenig er die Beherrschung von Fingerfertigkeiten meint. Wir können zunächst versuchen zu schildern, welchen Anforderungen eine Medienkompetenz für die neuen Medien genügen müsste, um uns dann mit dem Begriff und seiner Bedeutung näher zu befassen.

Wollen wir die Prozesse im Innern der modernen digitalen Geräte wahrnehmen, dann stehen wir vor dem Phänomen, das die mechanische Technik von der elektronischen trennt: Wir sind nicht mehr in der Lage, die Phänomene mit bloßem Auge zu verfolgen. Sie sind allenfalls messbar. Doch auch hier kommt die Messbarkeit schnell an ihre Grenzen, wenn Vorgänge nur noch theoretisch beschreibbar, praktisch jedoch nicht mehr präzise nachvollziehbar sind. Horst Wedde hat dies in einem Vortrag anschaulich beschrieben.[41] Er nannte die Entwicklung die Bewegung von der Gegenständlichkeit hin zu einem Abschied von der Sensualität der Technik. Bereits Marshall McLuhan hat vor rund vierzig Jahren im Umgang mit den «alten» neuen Medien unterschiedliche Anforderungen erkannt, die die modernen elektronischen Geräte an ihre Nutzer stellen. Er beschrieb sie als psycho-soziale Prozesse und rief dazu auf, den Blick auf diese Veränderungen, nicht auf die technischen Phänomene selbst zu lenken.[42]

Nun ist der Computer kein Telefon und kein Fernseher. Er wird andere geistige und seelische Anforderungen an seine Nutzer stellen. Wir können annehmen, dass das Hineinleben und Hineinwachsen der ersten Generationen in die multimediale Welt dazu führen wird, dass neue Fähigkeiten der Orientierung in und des Umgangs mit ihr ausgebildet werden, entlang derjenigen Entwicklungen, die ich in den vorangegangenen Kapiteln zu schildern versucht habe.

Blicken wir zurück, dann sehen wir: Unsere Art zu reisen, uns fortzubewegen, uns der Welt zu zeigen und uns der Begegnung mit ihr auszusetzen, ist eine andere geworden, seit es die Bahn, das Auto und das Flugzeug gibt. Dementsprechend hat sich auch unsere Wahrnehmung von Natur und Kultur, von Ländern und Menschen, von Regionen, Kontinenten und lokalen Eigenheiten verändert.[43] Das Erlebnis der Welt ändert sich durch bestimmte Fortschritte der Technik, wenn diese beginnen, auf das Lebensumfeld des Menschen direkt einzuwirken.

So wie wir im Verlauf der vergangenen einhundert Jahre gelernt haben, mit dem Telefon, dem Radio und dem Fernseher umzugehen, werden wir dies für die Computertechnik im Allgemeinen und für das Internet im Besonderen lernen. Wir werden unser Miteinandersein und Miteinanderverständigen neu erleben, eben wie wir es durch das Telefon und das Fernsehen neu erleben konnten. Wir können heute noch nicht sagen, welche Veränderungen auch unsere seelischen Wahrnehmungsfähigkeiten durchmachen werden, wenn zu den vom Telefon bekannten Eigenheiten der Distanz und des Wegfalls von Zeit und Raum die der Netzwelten hinzukommen werden. Wir können als solche schon heute ausmachen: das verteilte Denken und Wahrnehmen (Internet), die Zeitverzögerung (elektronische Post), die neue Sequenzialität im Denken (Programmierung und Abfolge der Bedienschritte) und die verstärkte visuelle Koordination (Navigation innerhalb der Arbeitsgeräte und der Netzwelt).

Unsere Überlegungen beschreiben also Medienkompetenz als Fähigkeitsbildung. Es sollte uns sofort deutlich sein, dass diese Forderung ganz im Gegensatz zu derjenigen Vorstellung von Medienkompetenz steht, mit der wir es heute allgemein zu tun haben. Vergewissern wir uns zunächst dessen, was wir heute als Medienkompetenz zu akzeptieren gewohnt sind.

In der Vergangenheit haben wir gelernt, dass Medienkompetenz die Fähigkeit sei, die modernen Medien, einschließlich der ständig neu sich entwickelnden, fachkundig bedienen zu können und sich ihrer vielfältigen Anwendungsmöglichkeiten bewusst zu sein. Medienkompetenz zu erlangen sei eine praktische Notwendigkeit. Schon heute kommen viele Berufsstände nicht mehr ohne eine Verwendung von Computer oder Internet aus. Die Hoffnung, der Konfrontation mit der lange ignorierten Computerwelt auch nach dem Berufseinstieg aus dem Wege gehen zu können, erfüllt sich in fast keinem Berufsfeld mehr. Wo die Arbeit selbst nicht von Automatisierung betroffen ist, da wird in der Regel der Vorgang ihrer Verrichtung technisch reglementiert und kontrolliert. Ist jemand also nicht *medienkompetent*, so droht ihm der Fall in die technologische Rückständigkeit.

Medienkompetenz wird heute etwa derart umschrieben. Es

gibt eine Reihe von Gründen, die ihre Erlangung beziehungsweise ihr Lehren zu einem solch frühen Zeitpunkt legitimieren sollen. Ein Grund – Tauglichkeit für den Beruf – wurde bereits genannt. Weitere Gründe – um nur einige zu nennen – sind die Notwendigkeit, verbreitete Information verstehen und interpretieren zu können, am gesellschaftlichen Leben teilnehmen, Unterhaltung empfangen und natürlich genießen zu können. Diese Medienkompetenz betrifft also nicht nur das Berufsleben, sondern dehnt sich ebenso auf das Teilnehmen am sozialen, gesellschaftlichen und kulturellen Leben aus. Es wird häufig suggeriert, das Leben selbst gewinne an Spaß und Wert, sei man quasi «im Besitz» von Medienkompetenz.

Wir haben uns bisher selten die Fragen nach dem Wieso («zu welchem Zweck?») oder Warum («aus welchem Grund?») dieser Fertigkeiten und der Gründe, die wir zu ihrer Legitimation anführen, ernsthaft gestellt. Nach der Betrachtung unserer bisher gewonnenen Einsichten verfehlen die genannten Antworten auf die Fragen der modernen Technik schlicht den Punkt. Dabei gilt es zunächst nicht zu vergessen: Es kann nicht darüber diskutiert werden, ob es eine Unterweisung in den Fertigkeiten zur Bedienung der modernen Medien überhaupt geben soll. Sie sind eine praktische Anforderung. Wird sie ignoriert, wird eine Alltagsanforderung ignoriert, die jeden angeht. In allenfalls noch einem Vierteljahrhundert werden gewisse Sachkenntnisse, wie heute das Autofahren, grundlegend sein, will man sich nicht vollkommen ausschließen. Aber diese Fertigkeiten in ihren speziellen Ausprägungen zu erlernen kann – wie heute das Autofahren – dem Einzelnen überlassen bleiben; genauso wenig, wie wir uns heute einen für jeden obligatorischen Fahrunterricht vorstellen können, sollte eine Medienerziehung bereits im Kindergarten begonnen werden. Das Einüben von Fertigkeiten von der Medienkompetenz zu trennen, die wir meinen, ist grundlegend für unsere Betrachtungen. Aber selbstverständlich brauchen wir Fertigkeiten. Wie sonst sollte es möglich sein, praktische Kompetenz in einem Sachgebiet zu erwerben, welche die Äußerung zum Thema erst möglich macht? Einzig die Differenzierung und bewusste Einschätzung der Relevanz beider wird hier verlangt; nicht wird die banale Fertigkeit zugunsten der anspruchsvollen Fähigkeit ausgespielt.

Der Wunsch, von einer besonderen Medienkompetenz zu sprechen, legitimiert sich eben aus dem bisher Gesagten, dass nämlich die Medienzukunft mit ihrem besonderen Charakter und ihrer Herausforderung der Individualität eben gerade an den Menschen auf eine Weise herantreten wird, die eine solchermaßen angemessene Medienkompetenz notwendig erscheinen lässt. Wir werden sie brauchen, um uns im Medienchaos zurechtzufinden. Wonach wir also in der Medienkompetenz tatsächlich suchen sollten, ist ein ehrliches Bild der Technik. Medienkompetenz sollte den Menschen zu diesem Bild führen können. Was ist ein ehrliches Bild? Eines, das nicht durch falsche Bedürfnisse verfälscht wird. Sie sollte das Verhältnis zwischen Mensch und Maschine, das sich in der Bewegung ihrer *Begegnung* darstellt, zum Inhalt haben – nicht nur das Bedürfnis als Ziel und nicht nur die Maschine als Objekt und Mittel, es zu erreichen. Der Mensch muss sich der Bedeutung des Phänomens bewusst werden, das aus drei eigenständigen Elementen besteht: dem Menschen, der Maschine und der Begegnung zwischen ihnen, deren beonderer Charakter im bewussten Erleben des technischen Wesens hervortritt. In der Medienkompetenz kann er sich ein Verständnis dafür erwerben.

Wollen wir also beurteilen können, was Medienkompetenz ist, dann kommt es in einem ersten Schritt darauf an, dass wir ein Verständnis für die humane Seite dieser Begegnung erwerben. Sind wir einmal für die Orte, an denen uns Technik begegnet, und für ihre «Sprache» sensibilisiert, dann wird uns schnell deutlich werden, welche Bedürfnisse tatsächlich die unsrigen sind und an welchen Trends wir wie technokratische Lemminge teilnehmen. Auf diesem Wege kann die Maschine eben als der Mythos, der sie heute ist, demaskiert werden.

Ein zweiter Schritt liegt darin, die Begegnung als erkenntnisvolle gelten zu lassen. Es muss darum gehen, an der Begegnung selbst für das Wesen des Technischen wach zu werden, das sich hinter den Chiffren des Maschinenmythos verbirgt. Die Begegnung ist die des Menschen mit der Maschine, nicht die des Nutzers mit dem Apparatefetisch.

Was uns anhand dieser Darstellung deutlich wird, ist die Sinnlosigkeit der *Erwartung sicheren Wissens.* Noch können wir, beschreiben wir den Apparat als Gegenstand, von seinen technischen Funktionen sprechen. Jedes Gerät ist für uns funktional determiniert, hat eine bestimmte Aufgabe. Diese Sicht sind wir seit dem Zeitalter der Mechanik gewohnt. Aber dieser Blick auf das Maschinenphänomen fällt uns bereits heute sichtlich schwerer, wenn wir an die Grenzen der Beschreibbarkeit der physikalischen Phänomene in den modernen Computersystemen kommen. Ein weiterer Meilenstein auf dem Wege, wie sich andere Aspekte der modernen Technik entwickeln, sind die «evolvable systems», die «evolutionären Systeme». Diese Schaltungen sind in der Lage, sich durch eine hier nicht näher zu diskutierende Methode selbst weiterzuentwickeln. Beispielsweise kann einem einfachen Chip die Aufgabe gestellt werden, mehrere Frequenzen eines akustischen Signals zu überwachen und dieses zu identifizieren. Durch eine eigenständige Modifikation seiner internen Programmierung kann nun dieser Chip selbständig «lernen», wie er diese Aufgabe am besten erfüllen kann. Erste erfolgreiche Versuche haben gezeigt, dass dieses Vorgehen nicht nur erstaunlich gut funktioniert, sondern dass auch die überwachenden Spezialisten nicht mehr in der Lage waren zu sagen, wie der Chip die gestellte Aufgabe genau gelöst hat. Kurz: Der Chip hat sich selbst «fortentwickelt» und die gestellte Aufgabe über alle Maßen gut erfüllt. Und sein vermeintlicher Herr versteht nicht mehr, wie er das geschafft hat.

Noch deutlicher kann uns dies werden, wenn wir bei unseren virtuellen Technologien bleiben. Wer sich zum ersten Mal im Internet «bewegt», kann leicht den Eindruck vollkommener Haltlosigkeit bekommen. Der Begriff des Ortes und der Zeit hat seine Bedeutung verloren – kein Ort lässt sich angeben, ein Mausklick genügt, um von Amerika nach Japan zu reisen, Zeitzonen und Datumsgrenzen lassen sich mit gleicher Schnelligkeit überwinden. Der Begriff der Grenze ist inhaltsleer geworden – es gibt keine Grenzen in der Netzwelt, weder politische noch sittliche, noch geografische oder individuelle Grenzen; niemand *muss* sich begrenzen, denn ein Knopfdruck am Übertragungsgerät, und jeder ist schneller verschwunden, als er kam. Und so verschwindet auch die Grenze zwischen Individualität und Masse, zwischen Individuum und Gruppe, zwischen Meinung und Urteil.

In der Tat: Das Internet lehrt zunächst die Flüchtigkeit der neuen virtuellen Technik, ihre Fähigkeit zur ständigen Metamorphose. Es gibt kein «Jetzt», kein «Gerade-Noch», kein «Gleich». Alles «Eben» ist so verloren wie der abgeschaltete Strom, aus dem es einzig bestand. Jede Information ist nur als Status eines Geräts, als «Strom» oder «Nicht-Strom» in einem der Abermilliarden Transistoren abgebildet, welche die Computer des Internets bilden. Das Internet lehrt nicht nur, dass nichts so ist, wie es scheint. Es lehrt, dass nichts wirklicher ist als das Momentane, als der Zustand, der Status.

So wenig wir im Internet angeben können, wo wir uns eigentlich befinden, weil wir selbst nur Inhalt auf Datenreise im Strom- und Datennetz sind, so wenig können wir mit Sicherheit sagen, was wir an dem haben, was wir in Wissen, Information oder sogar Gerät, Apparatur, Programmen zu besitzen glauben. Wir kennen das Wort, dass keine Information nutzloser ist als die Schlagzeile von gestern. Das Internet ist die Zeitung, und die verstrichene Sekunde kann schon die Schlagzeile von gestern gewesen sein. Das Internet ist keine Maschine – es ist ein Prozess des unaufhörlichen Umwälzens von Informationen durch den ungeheuren Verbrauch elektrischer Energien. Wir können nie wissen, ob wir tatsächlich wissen, was wir zu wissen meinen. Und die Zukunft? Wie soll dasjenige beschreibbar sein, an das sich die Menschen in einhundert Jahren vielleicht selbst mit Biosteckdosen anschließen werden, wie jüngst im Film «eXistenZ» prophezeit? Diese «Maschine» wird nirgendwo mehr substanziell greifbar sein, weil sie vollkommen virtuell ist, ebenso wie ihre Wirksamkeit auf ihre Nutzer.

Es kann also aus dem Charakter der Sache heraus nicht unser Ziel sein, Anleitungen zu geben. Es geht mir um eine

Bestimmung *hermeneutischer Grundlagen*, also darum, das Verständnis zu seinen sinnvollen, das heißt dem Gegenstand angemessenen Grundlagen zu führen. Mir scheint dies zuallererst notwenig, wollen wir lernen, mit Technik zu leben. Was ich vorschlagen möchte, ist eine Einstellung zu den Gegenständen unseres Interesses, vor jedem Anraten einer bestimmten Methode. Ich möchte fragen, welchen *inneren Ort* wir im Blick auf die Technik aufsuchen, von dem aus ein solches Erarbeiten von Kenntnissen über ihre Wirkungen überhaupt erst im rechten Lichte möglich wird. Für konkretere Untersuchungen wird an dieser Stelle auf die relevanten Arbeiten verwiesen.[44]

Was uns diese Beobachtungen in der Tat abverlangen, scheint mir eine *Haltung der Offenheit* gegenüber den Phänomenen, die uns erwarten, zu sein. Ihre Beschreibbarkeit wird eine neue Herausforderung darstellen. Wir könnten diese Haltung vielleicht zu Recht eine *philosophische* nennen, wenn wir mit «philosophisch» den Verzicht auf die Sicherheit und den Vorrang des skeptischen Denkens vor jedem Dogma meinen. Noch besser, scheint mir, wäre sie als eine philosophierende Haltung beschrieben. Zu philosophieren ist eine Befähigung, eine Tat, die nur vom Einzelnen zu vollbringen ist. Sie ist als solche nicht nur offen empfangend, sondern auch geistig schaffend im Erkennen und Verstehen-Wollen, das mutiges Sich-Einbringen erwartet. Sie ist sich der eigenen Beurteilungsinstanz als einziger ganz gewiss und urteilt über das, was ihr begegnet und sie herausfordert, erst unter Einbeziehung der individuellen Erfahrung. Sie erstrebt Verständnis und Einsicht vor Wissen; sie fordert, wie Karl Jaspers es nannte, den «liebenden Kampf».[45] Sie ist als Haltung nicht Methode, vielmehr geht sie voraus, bestimmt ihren Charakter. Sie ist Einstellung zum Gegenstand mehr als Antwort auf das «Wie?» einer genauen Untersuchung. Sie untersucht zunächst nicht, sondern formuliert einen Wunsch: den der Verantwortung im Erkennen und Forschen. Lässt sie sich näher beschreiben?

Die Züge des Maschinenwesens stellen sich deutlich nur dort dar, wo der Einzelne dem Maschinenmythos mit der *Aufrichtigkeit* begegnet, sich keiner Verführung anheim zu geben, nichts Erkenntnisvolles durch leibliches Sich-Hingeben zu unterschlagen. Er muss sich ihm wertfrei, ohne Meinung und vorgefasstes Urteil, um der Erkenntnis selbst willen und mit dem Wunsch, sich von unsichtbaren Fesseln zu befreien, gegenüberstellen. Das ist eine Verpflichtung, die der *Einzelne mit sich selbst* eingeht, und vielleicht der bedeutsamste, gewiss der erste Schritt. Erst dieser weist auf ein Verhältnis zur Sache jenseits der Verführung und macht ihn frei, solche Zusammenhänge zu durchschauen. Er kann als Grundlage dazu dienen, die leiblichen Wirkungen der Technik zu überwinden, indem man die Anfälligkeit für ihre Verführungen überwindet.

Erkenntnisvoll werden die Ergebnisse des Einzelnen nur dann sein können, wenn sie aus *Wahrhaftigkeit* gewonnen sind – einer Wahrhaftigkeit vor der Sache, einer Verpflichtung dem Gegenstand gegenüber, der zur Frage steht. Man könnte sie auch die Bildung einer wissenschaftlichen Haltung nennen. Diese Wahrhaftigkeit führt direkt zu einem Verständnis der Vorgänge im Verhältnis zwischen Mensch und Maschine. Sie schafft die Voraussetzung für eine solche Wahrnehmung und ein Überwinden aller Hindernisse im üblichen Umgang mit ihr.

Schließlich muss im Durchleben und Durchdenken der erworbenen Erfahrungen *Ehrlichkeit* gewahrt bleiben. Sich ihnen in ehrlicher Weise gegenüberzustellen, wird die Erfahrungen erst fruchtbar machen, indem sie auf das Individuelle im Einzelnen angewandt werden. Diese Ehrlichkeit betrifft das individuelle Erkenntnismäßige, nicht das Allgemeine; sie findet sich in den Ergebnissen des Verhältnisses vom Erkennenden zum Ding der Erkenntnis, nämlich in den Erkenntnissen.

Wo der Mensch der Technik mit Aufrichtigkeit und Wahrhaftigkeit begegnet, vollzieht sich ein Erkenntnisdrama, das sich nur in Wahrhaftigkeit ganz entfaltet, nur in Ehrlichkeit vor dem Ich zur Durchdringung kommt. Es geht darum, die innere Dramatik der Begegnung mit dem Wesen des Technischen zu verstehen.

Wir können also eine dreifache Charakterisierung wagen. In der *Begegnung* mit der Technik soll wissenschaftliche Aufrichtigkeit herrschen, in ihrer *Ergründung* geistig-seelische Wahrhaftigkeit und in der *Selbstreflexion* geisteswissenschaftliche Ehrlichkeit.

Mir scheint einzig diese philosophische Haltung als Grundlage für die Erarbeitung eines neuen Verständnisses von Medienkompetenz geeignet. Denn wenn wir bedenken, was die Antike schon wusste, dass nämlich das Staunen der Ursprung aller Philosophie ist, dann sollten wir uns veranlasst fühlen, unserem Staunen vor dem Maschinenmythos einen weitaus größeren Respekt zu zollen, als wir das bisher gewohnt sind – wohlgemerkt dem Staunen als Tätigkeit und so als fruchtbares Erarbeiten von Erkenntnis. Es weiß sich, wollen wir es mit unserer philosophierenden Haltung vergleichen, der Erfahrung als geistiger Bewegung vor der Annahme vorgefertigten

Wissens verpflichtet. Denn was in der derzeitigen Hilflosigkeit angesichts der Medienzukunft hilft, ist nicht zuerst Wissenschaft, nicht archiviertes Wissen, das Regeln und Maßstäbe setzt, sondern immer nur das im individuellen Erkenntnisakt errungene und im individuellen Lebensumfeld bewährte Bewusstsein unseres ambivalenten Verhältnisses zum Phänomen der modernen Medienmaschinen.

Fassen wir noch einmal zusammen: Medienkompetenz, wie wir sie heute kennen, ist lediglich Geste der Anpassung an das Gerät, und zwar durch Einleben in dessen Funktionalität – mit allen ihren Beschränkungen. Medienkompetent werden heißt heute, ein System als System verstehen zu lernen und sich in seinen Handlungen als Glied zu erleben. Der Mensch muss so sein leibliches, seelisches und geistiges Wahrnehmen den Verhaltensanforderungen, welche die Maschine an ihn richtet, angleichen. Das sind Anforderungen an sein Verhalten, sein Benehmen, es sind keine an seine Erkenntnisfähigkeiten. Damit ist diese Medienkompetenz in einem hohen Grade Assimilation des Menschen an die Maschine.

Echte Medienkompetenz entsteht aber dort, wo Erkenntnis möglich wird und Fähigkeiten geschult werden. Die gegebene Charakteristik einer philosophierenden Haltung gegenüber dem Phänomen kann einen möglichen Weg dahin weisen. Der Einzelne ist in einer solchen Haltung nicht weniger hingerissen vom Phänomen. Aber dabei bewahrt sie doch immer das Eigene des Forschenden und opfert – wie das erlebte Wesen des Technischen – nichts von ihrer Eigenständigkeit. Die Technik wird in ihren Kräften wahrgenommen, sie zeigt sich in ihren Facetten, und der Charakter der Begegnung mit ihr wird deutlich.

So wie wir gesehen haben, dass die moderne Medientechnik eigentlich eine Herausforderung der Ich-Kräfte, der Individualität ist, können wir in der Medienkompetenz eine Möglichkeit sehen, dieser Herausforderung gerecht zu werden. Medienkompetenz ist in dieser Hinsicht also *Verwirklichung der Individualität.* Sie ist, richtig verstanden, mehr Kultivierung der individuellen Klarheit des Wahrnehmens, Tiefe des seelischen Empfindens und Stärke der geistigen Auseinandersetzungsfähigkeit als Anpassung an den Willen der Apparatur. Echte Medienkompetenz ist eine Geisteshaltung, noch vor einer genauen Methodik. Wir können also sagen: Medienkompetenz erschöpft sich nicht in der fachkundigen Bedienung der neuen Medien, sondern beinhaltet auch die Erlangung philosophischer Reife zu deren werkzeughaftem Einsatz. Sie fordert zunächst nicht den Besitz von Wissen, sondern zielt auf die Erlangung der geistigen Freiheit zu dessen Reflexion.

12. Kompetent genug fürs Leben?

«Niemand kann erklären, warum Kinder, die im persönlichen Gespräch keine zwei Minuten still sitzen können, hoch konzentriert zwei Stunden lang [am Computer] spielen.»

Wolfgang Bergmann[46]

Es scheint in der aktuellen Mediendebatte fast ungehörig, sich nicht zur Debatte des Computers in der Schule zu äußern. Zu groß sind die Zweifel an den Visionen von Politik und Wirtschaft, zu gering das Vertrauen in die eigene Urteilskraft. Denn diejenigen, die heute über Fragen wie diese entscheiden müssen, gehören selten zu den Generationen der vergangenen zwanzig Jahre, die in die Medienwelt hineingewachsen sind. Die Jüngsten erklären zumeist noch den Älteren, wie alles funktioniert und wie man die Geräte bedient.

Ich möchte das Thema auch in dieser Arbeit nicht unberührt lassen – allerdings weder aus bloßer Verpflichtung noch um Ratschläge zu geben, wie es denn in Zukunft zu machen sei, dass Kinder sich ihre Kindheit bewahren und sich doch gleichzeitig zu «tauglichen» und «zukunftskompetenten» Bürgern entwickeln, sondern um einerseits unsere bisherige Argumentation noch deutlicher werden zu lassen und andererseits einige besondere Fragestellungen, die mir in der öffentlichen Diskussion mittlerweile verloren scheinen, neu zu beleben. Und es geht letztlich auch darum zu zeigen, dass die Vermittlung von Medienkompetenz durchaus einen Sinn hat.

Ein heute im Management tätiger ehemaliger Waldorfschüler, nach dem bleibenden Wert seiner anthroposophischen Erziehung befragt, antwortete kürzlich, dass keineswegs der ohnehin allzu spät, nur halbherzig und mithilfe veralteter Ausrüstung verwirklichte Informatikunterricht ihm bei Ausbildung und erster Karriere nützlich gewesen sei. Die technische Entwicklung überhole selbst die schnellste Bildungseinrichtung. Ganz andere Werte hätten sich als wertvoll erwiesen: so das geübte Auftreten vor Menschen bei Referaten und kleinen Vorträgen, die Jahresarbeiten, die durchaus wirtschaftliches Geschick verlangten (ein Produkt muss hergestellt, angeboten und «verkauft» werden), und die zahlreichen Theateraufführungen vor Publikum, die ihm seinen gewissen Vorsprung vor weniger geübten Kommilitonen gegeben hätten.

Nicht die fachmännische Souveränität auf technischem Gebiet, nicht die besondere Fingerfertigkeit im Umgang mit modernem Gerät, sondern vielmehr die bewusst – also medienkompetent – beherrschten klassischen Kulturtechniken und die Fähigkeit zu ihrer Reflexion haben sich hier als zukunftstaugliche Kräfte erwiesen.

Ob es in Zukunft sinnvoll sein wird, Medienkompetenz zum Lehrinhalt zu machen, wird nicht davon abhängen, wie viele neue Maschinen, wie viele neue technische Herausforderungen am Horizont heraufziehen werden. Denn das partikulare Wissen von den Fertigkeiten der Bedienung ihrer Produkte stellt Technik immer nur in ihrer momentanen Ausformung als Apparat in den Mittelpunkt. Aber was könnte uninteressanter sein als der Haufen Plastik und Blech, der ein jeder Computer in Wirklichkeit ist? Er ist in der Tat nicht das, was an ihm so unnachahmlich interessiert.

Wie wir gesehen haben, findet sich der Mensch als Datenreisender – versteht er das Wesen des Technischen recht – fortwährend auf sich selbst als den einzigen Ruhepol im Datenmeer zurückgeworfen. Ist er ehrlich zu sich selbst, dann versteht er, dass es an der Zeit ist, auf der Grundlage der eigenen Individualität diese neue Welt zu erleben, *weil die neue Technik diese Herausforderung ganz aus ihrem Wesen heraus an ihn heranträgt.* Was für ein anderes Ziel kann dann eine zeitgemäße Erziehung haben, als auf die Vermittlung unserer philosophierenden Haltung für ein Verstehen der Medienzukunft zu setzen, eben weil sie diese Forderung als der Zeit gemäß erkannt hat? Aber diese Haltung ist als Fertigkeit eben nicht lehrbar. Sie muss individuell erarbeitet werden. Ihre Grundlagen finden sich in Fundamentalfähigkeiten wie Lesen, Schreiben und Rechnen ebenso wie den menschlichen zum Beispiel der Fantasie oder der Imaginationsfähigkeit, die durch jede Bildungsinstanz zu vermitteln sind. Dies sind Inhalte, die es wert sind, im Rahmen einer schulischen Erziehung vermittelt zu werden.

Ebenso wie am Anfang einer solchen Entwicklung die Überwindung der persönlichen Scheinbedürfnisse durch eine Sensibilisierung gegenüber den Facetten der Medienwelt stehen muss, ebenso können wir nicht erwarten, dass diese neue Idee der Medienkompetenz Lehrinhalt zu werden vermag, solange wir in diesen selbst verhaftet sind und unser emotional aufgeladenes Wahrnehmen nur an unsere Kinder weitergeben wollen. Offensichtlich haben wir uns niemals gefragt, ob wir wirklich so sein wollen, wie es die Industrien uns anpreisen. Und, was schlimmer ist, wir stellen uns bis heute selten die Frage, ob wir wollen, dass unsere Kinder nach einem Modell geformt werden, dessen Sinn wir uns nicht selbst vergewissert haben. Nach wie vor stellen wir die Maschine gegenüber unseren Kindern auf unsere und ihre eigenen *Bedürfnisse* bezogen dar.

So erschien vor kurzem in Deutschland ein Buch von Jürgen Barthelmes, das Ratschläge für das *Fernsehen und Computern in der Familie* geben wollte.[47] Es plädiert für einen «lustbetonten» Ansatz. Seine Darstellung der familiären Situation im Spannungsfeld von Pädagogik und Freizeitgestaltung bleibt dabei jedoch in Schlagworten stecken. Seine Thesen sind weder neu, noch hinterfragen sie konventionelle Positionen. Barthelmes stellt die Begriffe, mit denen er arbeitet, nicht auf die sachliche Probe.

Seine Auffassung davon, was einen «kreativen Umgang» auszeichne, führt ihn zu abstrusen Schlussfolgerungen. So kommt er, wenn er über die möglicherweise negativen Auswirkungen des gegenwärtigen medialen Rundumschlags auf die frühe Entwicklung des Kindes spricht, zu dem Schluss, dass es diese gar nicht gebe: «[Die Medienkinder] seien [...] aggressiv, fantasiearm, träge. Aber wo sind sie denn [...]?»[48] Für Barthelmes existieren solche Kinder nicht. Stattdessen sei die Schuld der Wissenschaft und Öffentlichkeit anzulasten, die dafür sorgten, dass klischeehafte Vorstellungen über die schädigende Wirkung der Medien weiter genährt würden. Diesen wirke man am besten durch einen gemeinschaftlichen, eben kreativen Umgang entgegen. Dabei erkennt der Autor nicht, dass er selbst in Klischees argumentiert. So plädiert er für den «richtigen Medienkonsum, der allen Spaß macht». «Entscheidend» sei doch «nicht die Frage, wie Medien wirken, sondern wie wir alle miteinander umgehen».[49] Barthelmes löst die Medienfrage auf gemütliche Weise.

Sätze wie diese sind von bemerkenswerter Kurzsicht, rückt man sie in den Kontext der Forschung der letzten vierzig Jahre. Barthelmes ignoriert nicht nur Forschungsergebnisse, er negiert zudem Theorieansätze, die seit Marshall McLuhan zum Repertoire der Medienforschung gehören. Er scheint keinen Begriff davon zu haben, dass die gravierendsten Fragen hier eben daraus resultieren, dass die Industrien beständig eine solch lustbetonte Welt propagieren. Dass die neunziger Jahre vornehmlich durch deren Feldzug auf die letzte Bastion «Privatleben» eine Hedonismuskultur par excellence repräsentieren, ist dabei nicht einmal eine neue Erkenntnis.

Die Begründungen des Autors für seine Ansichten fallen gleichermaßen mager aus. Er ergeht sich fast ausschließlich in Plattitüden leiblich-ästhetischer Prägung. So schreibt er über den Fundamentalbegriff der Fantasie: «Fantasie brauche ich sowohl für den Bau von Neutronenbomben als auch für die Durchführung von Hilfsaktionen [...]. Fantasie und Kreativität sind erst einmal etwas Neutrales.»[50] Kindliche Individualität reduziert sich bei Barthelmes auf die Wahl der Lieblingsserie und deren Genuss mittels des Werkzeugs «Fantasie»; das Fernsehprogramm ist für ihn ihr spielerischer Rohstoff.

So treibt Barthelmes' Argumentation direkt in die von uns als für die neuen Techniken wesensgemäß erkannte Immersion hinein, indem er auch einen diffusen Begriff von Intuitivität propagiert. Der Verlag wirbt für das Buch mit der Autorität des Experten und der Ansicht, es handele sich bei dieser Arbeit um einen Beitrag für eine «kindgerechte und zeitgemäße Erziehung». Der Autor hat nicht verstanden, dass die Bedürfnisse, die er kindgerecht nennt, eben Folge eines solchen Hineintreibens in die Immersion sind. Wer kontrollierten Konsum fordert, versteht nicht die Folgen des Konsums an sich, sondern schiebt jede potenzielle Gefährdung auf den Inhalt. Dabei erweckt das Buch den Anschein, beim «Computern» mit Kindern handele es sich um ein Familienspiel in geselliger Runde. Was für die Eltern noch Mensch-ärgere-dich-nicht am Wohnzimmertisch war, ist dann wohl für die Kleinsten heute der «kreative und zeitgemäße» Umgang mit der Maschine. Immersion wird in leiblicher Hinsicht nur noch bekräftigt. Intuitivität versteht sich dabei als ein blindes Sich-Einlassen auf den Genuss.

Ich glaube, dass es nicht in erster Linie darum gehen darf, Kinder medienkompetent zu «machen». Pädagogischer Inhalt ist nicht Dogma, seine Vermittlung ist keine Konditionierung. Wir können beobachten, dass das naturwissenschaftliche Dogma bereits heute eine derartige Erziehung propagiert.

Das soll nicht heißen, dass es nicht sinnvoll wäre, sie die grundlegenden Fertigkeiten des Umgangs mit den Maschinen zu lehren. Es bedeutet nur, dass sich eine Kulturtechnik nicht selbst legitimiert. Wir erwerben sie nicht um ihrer selbst willen, sondern weil Kultur uns als Menschen angeht. Der frühzeitige Erwerb der computertechnischen Fertigkeiten scheint nur so lange sinnvoll zu sein, wie die Nutzung der Geräte Selbstzweck ist. Aber wir haben schon heute viel zu viel Informationen, derer wir – blicken wir auf unser persönliches Lebensumfeld – nicht tatsächlich bedürfen. Die wesentlichen Veränderungen auf dem Markt der Informationsdistribution zu unserem unmittelbaren Nutzen sind längst geschehen. Niemandem nützt es mehr, wenn er die Nachrichten des Tages dank des Internets wenige Minuten früher erhält, nicht dem Normalbürger und noch weniger dem Kind.

Nur mit Menschen, die angemessen in den Fundamentalfähigkeiten gewandt sind, werden wir auch in Zukunft noch kommunizieren *wollen*. Es ist sinnlos, sich zusammen mit den staatlichen Bildungseinrichtungen über den spaßigen Effekt von e-mail-Kontakten ganzer Schulklassen zum Beispiel nach Amerika oder Fernost zu freuen. Die Einsicht, dass es sich bei den modernen Medien um eine eigentlich gemeinschaftliche Sache handelt, die ein vernetztes, gemeinsames Arbeiten mit ihnen nicht nur fordert, sondern zur richtigen Nutzung sogar voraussetzt, ist vom technischen Standpunkt aus natürlich richtig. Aber eine Gemeinschaft, mehr noch eine Gesellschaft, ist mehr als die Summe ihrer Teile. Das heißt, wir bilden nicht automatisch dadurch eine Gemeinschaft, dass wir die technischen Möglichkeiten zur Überwindung von Zeit und Raum besitzen und diese nutzen. Geschweige denn, dass wir damit eine Gemeinschaft schüfen, die lebenswert und fähig zur Erhaltung gesellschaftlichen Lebens wäre. An erster Stelle sollte die Ausbildung der Individualitäts-Fähigkeit stehen, die erst Gemeinschaft ermöglicht und deren Schaffenskräfte sich erst an der Gemeinschaft bewähren.

Viel interessanter als die Frage «Internet-Anschluss schon im Kinderzimmer?» ist diejenige auch den Qualitäten von Kulturtechniken, danach, was Schreiben in geistiger und seelischer Hinsicht als Fähigkeit ausmacht und wie man die in ihr wirksamen Kräfte tatsächlich verstehen kann. Dazu gehört auch die Herstellung von Information, aber nicht um ihrer selbst willen. Wir schreiben nicht, um zu schreiben, haben das Rechnen nicht um des Rechnens willen gelernt, sondern weil wir so Dinge erschaffen, die den Menschen zu inspirieren, schöpferisch zu beflügeln und zu bezaubern vermögen. Es sind Dinge, die den Menschen in neue geistige Situationen versetzen, an andere seelische Orte tragen und vor immer neue Grenzen stellen. Scheinbar bloße Kulturtechniken wie Schreiben, Lesen und Rechnen greifen so über die enge Partikularität ihrer Bedeutung für das Entziffern von Zeichen und Symbolen weit hinaus. Sie überwinden ihre Beständigkeit in Symbolen und die Grenzen der Einfachheit ihrer Idee durch das, was in ihnen zur Sprache kommt. Dabei offenbart sich das Erhabene nicht in ihnen selbst, erschaffen sie das Vortreffliche nicht selbstständig. Sie sind eben nicht nur Fertigkeiten, sondern als Fähigkeiten selbst Gefäß für ein «Mehr». Sie erfüllen Aufgaben im individuell Menschlichen, impulsieren Kräfte, die ihrerseits im Allgemeinen zu wirken vermögen, und überwinden so ihre eigenen Grenzen stets aufs Neue. Wohin und worüber hinaus greift der Computer?

Stellen wir uns zunächst vor, wie wir als Menschen für uns sein wollen. Dann beantwortet sich die Frage nach der Lehrbarkeit von Medienkompetenz und ihrer angemessenen Form ganz von selbst, weil sie in einen neuen Zusammenhang gestellt wird. In ihm erweist es sich als ganz natürlich, an einem gesellschaftlichen Leben wollend teilzunehmen, das die Kenntnis gewisser Fertigkeiten – der oben charakterisierten Fertigkeiten im Umgang mit den neuen Medien – zwar nicht erzwingt, aber doch für eine irgendwie wirksame Tätigkeit notwendig werden lässt. In spezieller Hinsicht ist eine solche Entscheidung aber nach individuellen Prioritäten zu fällen. Für unsere Frage nach der Vermittlung von Medienkompetenz im Kindergarten und in der Schule heißt das, dass unser Augenmerk auf der Vermittlung jener Fähigkeiten liegen sollte, die ich im Kapitel «Fertigkeit und Fähigkeit» zu beschreiben versucht habe. Es gibt also zweierlei Weisen, sich mit den neuen Medientechniken zu verbinden: indem man entweder Bedienfertigkeiten oder Fähigkeiten zu schöpferischen Weltgestalten erwirbt. Erstere können durch Bildungsinstanzen vermittelt werden, aber der dafür notwendige Zeitaufwand ist – wie gezeigt wurde – gering, ebenso überhaupt die Relevanz ihres frühzeitigen Erwerbs. Letztere sind viel schwerer und niemals direkt zu vermitteln. Nur mittelbar, über eine geführte Menschwerdung, die eigentlich Aufgabe der Schule ist, sind sie zu erwerben.

Es geht nicht darum, dass man Bedürfnisse unterdrückt, sondern dass man lernt, sie zu differenzieren und bewusst zu ergreifen – dies zu verstehen ist wichtig. Es geht darum, von außen über leibliche Beeinflussung konstruierte Scheinbedürfnisse von selbst geschaffenen Bedürfnissen unterscheiden zu lernen, sich über die ideologischen Ursprünge im Klaren zu sein, die unsere so genannten Ideale tatsächlich motivieren. Erst dann werden wir in der Lage sein zu entscheiden, für welche tatsächlichen Bedürfnisse unserer Kinder in einem entsprechenden Lebensabschnitt eine irgendwie geartete *bewusste* Teilnahme an der Entwicklung der Medienwelt fruchtbar sein kann. Denn – das sollte nicht vergessen werden – *unbewusst* werden sie unablässig auch ohne planvolles Mitwirken der Eltern und Pädagogen teilnehmen.

Deshalb gilt: Kinder medienkompetent heranzubilden sollte tatsächlich zu den vorrangigen Aufgaben der erzieherischen Arbeit im kommenden Jahrhundert gehören – kindliche Kreativität, Schöpfungsdrang, Imaginationsfähigkeit und ihre natürliche Weltoffenheit als Fundamentalfähigkeiten sind ihre Mittelpunkte. Diese sind die Grundlagen für alle Fertigkeiten, die Kinder in der schönen bunten Medienwelt erlernen können und ganz sicher auch ohne staatliche Programmatik erlernen werden. Zahlreiche Untersuchungen zeigen, dass gerade die Verwendung von Computern, ja sogar die höher spezialisierten Fertigkeiten wie das Programmieren, die ihrerseits Anforderungen an ganz besondere Fähigkeiten stellen, ohnehin am besten über die so genannten «peer groups» vermittelt werden können. Der Philosoph Gernot Böhme bestätigt das, wenn er sagt: «Meine Gegenthese ist, dass Bildung antizyklisch sein muss, also gerade das fördern soll, was nicht im manifesten Trend der Entwicklung liegt. So müssen die Jugendlichen nicht erst auf der Schule den Umgang mit Computern lernen, den lernen sie in ihren peer groups schneller und kreativer. Was die Schule ihnen bieten sollte, ist der Erwerb traditioneller Kompetenzen wie Lesen und Schreiben. Dabei ist [...] daran zu denken, dass Lesen und Schreiben [sogar etwas ist], was selbst Abiturienten [...] nicht richtig können. Diese Unfähigkeit muss irgendwoher kommen: es ist etwas Wesentliches geschehen. Und dieses Wesentliche ist der Umgang mit Computern.»[51]

Wenn wir unserer Auseinandersetzung mit der Maschine die philosophierende Haltung zugrunde legen, dann wird uns deutlich werden, dass es das Ziel sein muss, den Computerunterricht nicht wegen der Zeitumstände oder um anderer Interessen einer schnelllebigen Welt willen einzuführen. Wird das Bedürfnis aber aus einem *Zusammenhang* heraus geweckt, der von ihrem – auch technischen – Gegenstand zwar motiviert, jedoch nicht kontrolliert sein darf, dann wird die Maschine tatsächlich zum Werkzeug, von dem in dieser Debatte ständig die Rede ist. Das wird aber nicht dadurch erreicht, dass wir über die Maschine sprechen und ihr eine Rolle in unserer Lebenswelt zuweisen, sondern nur, indem wir das Verhältnis zwischen uns und ihr ständig neu entdecken und ergründen. Dieses Verhältnis vermag uns deutlich zu machen: Nur im ständigen Bewusstsein meines labilen und ambivalenten Verhältnisses zu ihr kann ich mit der Maschine leben.

Für die Schule kann das konkret bedeuten, dass in den höheren Altersklassen durchaus damit begonnen werden kann, die Fingerfertigkeiten der Maschinennutzung zu lehren. Eine gewisse Zeit für die Vermittlung in der letzten Schulphase sollte dafür genügen.

Viel mehr Zeit wird nötig sein, das Wesen des Technischen fühlbar werden zu lassen. Betrachtungen der Geschichte der letzten zweihundert Jahre enthüllen uns die gesellschaftlichen und kulturellen Wellen, welche die Maschine ausgelöst hat. Durch sie verstehen wir das Heraufdämmern der Gefahr einer neuen technologischen Klassengesellschaft. Lenken wir unseren Blick auf das mess- und greifbare Wesen der Maschine, so verstehen wir dieses erst im Gegensatz zum belebten menschlichen Charakter. Sogar im Fremdsprachenunterricht, in der Biologie, der Mathematik oder im handwerklichen Tun kann das Maschinenhafte beobachtet, festgestellt, erörtert und für die Lebenswirklichkeit fruchtbar gemacht werden. Zur Gänze erfahrbar wird es erst in den *Tatsachen*. Vertiefen sich die Schüler in die Methodik der Programmiersprachen, der binären Logik, der simultanen Aufgabenbewältigung, der neuronalen Netze und Konzepte künstlicher Intelligenz, so kommen sie zu inneren Erlebnissen, die den Menschen in neuem Lichte erscheinen lassen. Die Erlebnisse führen bis in Bereiche der Philosophie und der geisteswissenschaftlichen Forschung, die neue Tatsachen verraten.

So kann jeder Fachunterricht Computerunterricht sein. Ein Unterricht vom Menschen, der seinen aktuellen Bezug mit gehörigem Realismus einfordert, könnte Computerunterricht im besten Sinne sein. Ein angemessenes Verständnis des Apparats wird nicht dadurch verschleiert, dass auf den Computerunterricht als obligate Einrichtung verzichtet wird. Man verliert dadurch nichts. Die Schüler schon gar nicht. Stattdessen wird das Ungenügen, das durch die ausschließliche Blickrichtung auf die Maschine hervorgerufen wird, durch eine neue Perspektive überwunden, die alte Fragen neu zu stellen lernt und ihre Motivation neu versteht. Man sagt ja, dass eben dies die eigentliche Aufgabe der Philosophie ist.

13. Hinaus über das Medium!

«Wie bewahre ich mir den Enthusiasmus für menschliche Größe, wenn Sie mit mir darin übereinstimmen, dass wir nicht wirklich groß sein können, ohne auch manchmal entsetzlich zu sein? Wir brauchen übermäßige Betätigungen und die Möglichkeit, Hervorragendes zu tun, wenn der Ruf der Menschlichkeit in uns nicht ersticken soll.»

Caroline von Hessen

Die Frage «Wie leben mit Technik?» wird sich dem Menschen nur stellen, wenn sie ihm zur lebensnotwendigen Herausforderung wird. Es wird ihm nicht mehr möglich sein, ihre Beantwortung auf Gremien, wirtschaftlich Verantwortliche oder die Beschlussfassung irgendeiner übergeordneten Instanz abzuwälzen. Und nur aus einem Zusammenhang der Lebensnotwendigkeit wird er zu einer angemessenen Beantwortung dieser Frage finden, die auch nur für ihn selbst wird Geltung beanspruchen können. Gleichzeitig können wir erkennen, dass sich in der modernen Technik, die uns mit ihrer direkten Ansprache unserer Persönlichkeit und Individualität und mit der Vernetzung und dem Zusammenwachsen der Menschheit im globalen Dorf bezaubert, sich so insgeheim die Aufforderung an die Erstarkung des Individualismus verbirgt. Die Frage ist, ob sich diese Sensibilisierung automatisch einstellen wird oder ob wir uns ganz unbewusst in die neuen Verhältnisse hineinfühlen werden.

Wie immer wir sie beantworten, es wird darum gehen, dass der Mensch lernt, sich eine Wahrnehmung und ein Empfinden für eine Welt zu erarbeiten, die nach eigenen Gesetzen funktioniert und ihre Rückwirkungen auf den Menschen hat, der anderen inneren Gesetzen folgt. Das kann unsere Einsicht am Ende dieses Buches sein. Der Mensch kann eine Anpassung seiner Lebensweise an die Maschine nicht wollen. Im Fall der Übersteigerung des Technischen in der Lebenswelt droht er körperlich, seelisch und geistig von ihrer Allmacht erdrückt zu werden. Im Fall der euphorischen Einlassung auf das einzig wahre Menschliche andererseits droht die Gefahr, dass eben dasjenige als Möglichkeit verloren geht, was Zeitentwicklung und damit Entwicklungschance ist. Die Erkenntnisfrüchte unserer Zeit sind nicht weniger menschlich als die von Jahrhunderten mit scheinbar humaneren Lebensumständen, auch wenn sie uns auf Anhieb künstlich, kalt und abstoßend anmuten. Bedingungsloses Sich-Einlassen und ein Ausschließen, das die Bewegungen der Zeit missversteht, können nur in die Extreme führen. Das wird auch in der heutigen Diskussion im Allgemeinen so gesehen.

Man ist weniger gewohnt einzusehen, dass es auch nicht im Interesse des Menschen sein kann, die Maschine menschlicher zu machen. Denn das bedeutete, sie aus seinem Blickfeld immer stärker hinauszudrängen. Dann geht dem Menschen als Forscher eben auf andere Weise das verloren, was in der lebendigen Begegnung zu entdecken ist.

Häufig scheint es den Diskussionsteilnehmern jedoch – auch ohne dass sie diese Einsichten in den Blick nehmen – einfacher, das Phänomen der Medien- und Maschinenwelt auf «seine Rolle» zu verweisen. Sie verfahren dann in der Tat so, als würden sie Technik damit aus dem «geistigen Blickfeld» des Menschen rücken. Sie nennen dies dann eine «wahre», «richtige» oder «sinnvolle» Rolle, die Technik im Leben des Menschen einzunehmen habe.

Uwe Buermann fordert zum Beispiel in seinem Buch *Techno, Internet und Cyberspace,* der Technik diejenige Rolle zuzuweisen, die ihr *eigentlich* zukomme, die sie eigentlich spielen solle. Er fordert, sie auf «ihren» Standpunkt zu stellen.[52] Aber welcher ist das? Buermann übersieht, dass es gerade die Crux mit der so genannten Rolle der Maschine ist, welche die bestehende Weltsicht selbstredend längst gefunden hat, indem sie sie still und heimlich als guten Freund und Helfer in der Not in unser Leben integriert hat. Eben diese Rolle motiviert überhaupt erst die Fragen, mit denen wir uns in diesem Buch befasst haben.

Es wird in Zukunft nicht darum gehen, welche Rolle der Mensch in der Maschinenwelt zu spielen *gedenkt.* Es wird auch nicht darum gehen, welche Rolle die Maschine im Leben des Menschen spielen *soll.* Das leidlich denkbare Maximum des Letzteren ist längst verhandelte Sache. Da hilft kein Rufen nach einer «richtigen» anderen Rolle. Kennten wir sie, dann wäre unser Fragen beendet. Und genau in dieser Situation befinden wir uns heute. Um den festen geistigen Grund auch in Zukunft noch spüren zu können, der für eine Ortsbestimmung des Menschen in der technokratischen Gesellschaft so unabdingbar ist, wird es um die Frage gehen müssen, *was für ein Mensch der Mensch für sich selbst sein will.*

Buermann sieht nicht, dass das Problem eben gerade in dieser Fixierung auf die Rolle besteht, welche die Apparatur im Leben einnehmen soll. Denn das ist doch gerade das Eigentümliche an der Begegnung, am inneren Erleben des Verhältnisses, dass es diesen Standpunkt nicht gibt, auf den die Technik zu stellen wäre – weder für den Menschen noch für die Maschine. Ihre Orte zu finden, an denen sie bestmöglich miteinander leben können, ist der eigentliche Sinn der Auseinandersetzung und Motivation der Einsicht in das Schwellenerlebnis Technik. Eben weil wir einsehen müssen, dass das Erlebnis der Technik in den kommenden einhundert Jahren zu einem nur individuell zur Gänze zu erfahrenden Schwellenerlebnis werden *wird*.

Diese Orte aber müssen durch gewollte Erkenntnisse gefunden werden. Sie legitimieren sich als solche durch die Erkenntnischancen, die sie bieten, nicht durch die Ruhe und die scheinbaren Gewissheiten, die diese Erkenntnis verbreitet. Eben deshalb ist die skizzierte «offene Haltung» so notwendig.

So ist auch Buermanns folgende Argumentation im Grunde nicht falsch, sie greift jedoch zu kurz und scheint vor der eigentlichen Problematik auszuweichen. Buermann fordert die «richtige» und «vollständige» Entwicklung der Persönlichkeit vor jeglicher Computernutzung. Sonst drohe dem Menschen eine Gefahr aufgrund der ahrimanischen Kräfte des Internets, die das Streben zur Geistigkeit verhindern wollten. «[Das] Internet gaukelt einen geistigen Zustand vor und verhindert, dass der Mensch seine wirkliche Geistigkeit entwickelt.» Und: «[…] ein gesunder Umgang mit dem Medium erfordert, dass wir unsere Persönlichkeit bereits ausgebildet haben.»[53]

Nun, was ist ein gesunder Umgang mit den Medien? Buermann beurteilt, was «richtig» beziehungsweise «gesund» bedeutet, an den Äußerungen Rudolf Steiners in seinen Schriften zum Thema Technik und ihre Gefahren. Hinzu zieht Buermann seine eigenen, zweifelsohne tiefen und genauen Kenntnisse der Geisteswissenschaft. Allein, es schwebt über all seinen Ausführungen, sobald sie «praktisch» zu werden beanspruchen, der Geist des Spekulativen und, zu allem Überfluss, der des Dogmatischen noch dazu. Inneres Erleben spricht selten aus seinen Ansichten, die eben *Ansichten* bleiben – nicht nur, wenn sie es nicht sein sollten, sondern auch, wenn sie es nicht sein dürfen (zum Beispiel im Hinblick auf eine pädagogische Pragmatik). Buermann beruft sich auf die Kenntnisse des Unterphysischen im Maschinellen, stellt dem, sicherlich in völlig richtiger Absicht, etwas Überphysisches entgegen und «interpretiert»: «Auf einer weiteren Stufe muss es darum gehen, dem Internet aktiv etwas entgegenzustellen. Das Internet bildet, wie gezeigt wurde, ein unterphysisches Netz, dem die Menschen ein ‹oberphysisches›, also rein geistiges Netz entgegenstellen sollten. Ein solches ‹Netz› kann entstehen, wenn eine Anzahl von Menschen über die Erde verstreut in ernsthafter Weise nach höherer Erkenntnis strebt [...].»[54] Was Buermann propagiert, ist nicht Verständnis, sondern Reaktionismus.

Buermann scheint vor dem eigentlichen Dilemma zurückzuschrecken. Dieses Dilemma ist der Konflikt, der in der Auseinandersetzung notwendig heraufdrängen muss. Es wird nicht deutlich, ob er diese Auseinandersetzung sucht oder die Maschine als etwas eigentlich Kaltes und Unnatürliches sieht, das es zu untersuchen, zu sezieren und auseinander zu nehmen gilt, nur um es dann auf den «richtigen Platz» in der Welt zu stellen.

Die Integration der technologischen Produkte in das Leben des Menschen wird weder vor der Nähe des Intimen noch vor dem menschlichen Körper selbst Halt machen. Im Bereich der Medizintechnik zum Beispiel wird sie sich im Zuge der Nanotechnologien in den Menschen selbst hineinverlagern. Der Technikvisionär Ray Kurzweil prognostiziert: «Wir werden eine ganze Reihe von Kombinationen zwischen Mensch und Maschine haben. Computer werden so klein sein, dass sie innerhalb unseres Körpers und unseres Gehirns existieren können. Menschen werden ihre Organe und ihren Geist [!] mit nichtbiologischer Intelligenz aufrüsten und vervollkommnen. Kleinstcomputer von der Größe einer Zelle werden unsere Gehirnfunktion verbessern. Und weil Maschinenintelligenz exponentiell zunimmt, menschliche aber weitgehend gleich bleibt, wird der nichtbiologische Teil unseres Verstands auf Dauer dominieren.»[55]

Treffe diese Vision ein oder nicht. Wer da noch glaubt, dass sich in einhundert Jahren so leicht wie heute noch ein von der Technik dominierter und ein von der Technik verschont gebliebener Lebensbereich voneinander wird unterscheiden lassen – geschweige denn, dass *wir* dies dann noch wollen werden –, muss für den zu erwartenden Verlauf der Entwicklung blind sein. Es scheint den Vertretern dieser Ansicht nicht klar zu sein, von welch einem gewaltsamen Hereinbrechen tatsächlich die Rede ist, wenn sowohl von der persönlichen Technik und ihrer Integration in den Lebensraum als auch von einer verschwindenden, virtuellen Technik gesprochen wird. Die logische und vollkommen konsequente Folge ist eine Verschmelzung. Von einer Differenzierbarkeit kann dann keine Rede mehr sein. Bereits die Enkelkinder der ersten Mediengeneration werden vermutlich in einer Welt aufwachsen, welcher die «Fundamentalerfahrungen», also die elementarsten natürlichen Wahrnehmungen wie Angst und Schmerz, weitgehend abhanden

gekommen sind. Einem 25-Jährigen in der Mitte des 21. Jahrhunderts gegenüber, dem die Erfahrung körperlicher Dys-
funktion aufgrund einer fortentwickelten Medizintechnik «er-
spart» werden konnte, von einer «richtigen» Rolle der Maschine innerhalb des Lebensraums des Menschen zu sprechen wird
ein völlig sinnloses Unterfangen sein.

Sich also tatsächlich um eine Pädagogik zu bemühen, die
vor der drohenden Entwicklung nicht ausweicht, ist Zu-
kunftsaufgabe. Ohne individuelle Maßstäbe, die durch jede
Erziehungsinstanz vermittelbar sein müssen, wird diesem 25-
Jährigen mehr als nur dieser Unterschied kein Begriff mehr
sein. Es kann nicht gewartet werden, bis im Verlaufe einer
oder zwei Generationen der Unterschied zwischen Simula-
tion und Realität fließend geworden sein wird.

Marshall McLuhan prägte in den sechziger Jahren den Satz
«Das Medium ist die Botschaft.»[56] Er wollte deutlich machen,
dass das Medium, nicht sein Inhalt, die Botschaft ist. In ihm
artikulieren sich alle Chancen und Gefahren. Seine Wirkung
ist unmittelbar und ungefiltert, sie entschleiert sich nicht in
dem, was es vermittelt oder überträgt, sondern sie ist uns unmittelbar präsent und gleichzeitig so wenig wahrnehmbar. Mit
seiner Einsicht, dass sich die Wirkung der Medien nicht auf
Meinungen und Ansichten über die Welt durch die Inhalte, die
sie verbreiten, niederschlägt, sondern dass das Dubiose das
Wesen der Medien selbst ist, traf McLuhan den Kern des Problems und begründete eine Forschungsdisziplin. Für den 25-
Jährigen unseres Beispiels wird die durch die dann aktuellen
Geräte vermittelte Botschaft völlig irrelevant sein. McLuhan
weist darauf hin: «Die Wirkungen von Technik machen sich
nicht auf der Ebene von Meinungen und Urteilen bemerkbar.

Sie verändern unaufhörlich die Weisen der Wahrnehmung und Muster der Interpretation ohne jeden Widerstand.»[57]

Zu sagen, Medien seien weder gut noch schlecht, es komme nur auf die Weise an, in der sie genutzt würden, käme der Behauptung gleich, Apfelkuchen sei weder gut noch schlecht, es komme nur darauf an, von wem er gegessen werde, schreibt McLuhan. So unsinnig es uns erscheint zu sagen, Pistolen und Gewehre seien eigentlich nicht gut oder schlecht, es komme nur darauf an, wie man sie einsetze, so wenig haben wir die Wirkungsweise der Medien bzw. der Technik verstanden, wenn wir uns auf diesen Standpunkt stellen.[58]

Ein Denken wie das Buermanns verhindert von vornherein jedes bewusste Umgehen mit den Erlebnissen der Begegnung von Mensch und Technik, in der wir uns voller Staunen begriffen finden. Denn das Staunen ist das Erste, was uns heimsucht, erkennen wir mit einem Male unsere auf den ersten Blick so fremde Lebenswelt der Technik. Unser Staunen vor dem Unbekannten wird nur erlöst durch die individuelle Stärke, sich zur Erkenntnisanstrengung aufzuraffen – nicht durch die Konsultation bekannter, bereits erarbeiteter Resultate. Sie treten zu einem späteren Zeitpunkt in ihre Bedeutung.

Die Orte der Begegnung eben in diesem Intimen aufzusuchen, in dem wir Technik in der Zukunft begegnen werden, ist die Forderung. Es geht gerade nicht darum, dem Interner «etwas entgegenzustellen». Handlungen werden immer im Reaktionären verharren, wenn so vorgegangen wird. Stattdessen müssen sie sich selbst befruchten, aus Quellen, die durchaus auch in der Technik liegen können. Die Gefahr, auf deren leibliche Seite gezogen zu werden, wird dann gar nicht mehr bestehen, weil wir uns in der Auseinandersetzung unserer

Situation vergewissert haben. Ruhe durch Gewissheit kann es nicht geben, wenn die Erkenntnisanstrengung tatsächlich gewollt wird. Das Erforschte zu definieren und seine Bedeutung zu klassifizieren ist dabei ganz naturgemäß der naturwissenschaftliche Weg. Das Staunen aber in fruchtbare Bahnen zu lenken, in denen das Erleben an erster Stelle steht, nicht eine vermeintlich «richtige» Position, ist Erkenntnisaufgabe. Wo ist das möglich? Und wie?

Der Mensch kann sich das Wesen des Technischen an seinen Phänomenen erschließen, indem er die Orte aufsucht, an denen Technik über das bloß Funktionale ihrer Apparate hinausweist. Selbstverständlich ist Technik bereits als dasjenige, was sie auch als Gerät darstellt, mehr als nur dieses Besondere. In ihrer Idee, in der Kunstfertigkeit ihrer Ausführung und ihrer gegenständlichen Ästhetik kann uns Technik auch als Apparat Erkenntnis vermitteln. Aber dennoch ist das, was sie verrät, in den Grenzen dieser Apparatur befangen – seien diese auch mannigfaltiger Art. Ein Ort, an dem Technik über diese Grenzen hinaus erfahrbar werden kann, scheint mir einzig in der Kunst gegeben zu sein. Kunst fordert die Technik als ihren Gegenstand heraus und fühlt sich durch Technik selbst als Kultur der Auseinandersetzung herausgefordert. Sie ist damit der Ort, an dem Technik zu einem Mehr-als-Technik wird und unsere Erkenntnis herausfordert. Warum?

Kunst ist nicht funktional. Sie ist nicht begrenzt, ist Auftrag und Möglichkeit zugleich. Sie ist in jeder Hinsicht das Gegenteil von der sinnvollen und in ihrer Funktion eng umgrenzten Maschine. Dieses Gegenteil ist in ihr bis an ein theoretisches Maximum gesteigert. Die Bedeutung der Kunst für unsere hier verhandelte Sache ist es, mit Technik arbeiten und der Erkenntnis gleichzeitig Neuland eröffnen zu können. Denn Kunst ist, versteht sie sich recht, nicht reaktionär.

Kunst mit und durch Technik: das greift über die reine Nutzung einer Medienmaschine unendlich weit hinaus. Aber Kunst ist eben gerade nicht deshalb für uns von Interesse, weil sie dem technischen Erleben ein «alternatives» entgegenstellt, kein irgendwie geartetes «Menschlicheres» gegen eine «unmenschliche» Technik. Sie ist nicht menschlicher als die im kalten Apparat verkörperte Technik. Aber dieser *hat* Sinn, wohingegen in der Kunst Sinn aufgebrochen wird, Funktion sich verändern kann. Vielleicht wird der sinnvollste Apparat im künstlerischen Akt zum sinnlosesten Haufen Blech. Aber dann wird er selbst das nicht werden ohne den tief empfundenen Wunsch, zu verstehen, was er dann noch ist. *Für* den Menschen.

Kunst hat die Eigenschaft, niemals nur sie selbst zu sein, sondern grundsätzlich über sich hinauszuweisen. Technik ist niemals mehr, als was sie sein *soll.* Selbst als Idee ist sie in ihrer Zweckrationalität befangen, denn eben das ist ja «technisches» Vorgehen. Während Technik ihren Nutzer verdammt, im Rahmen eines Schemas zu funktionieren, das sie vorgibt, da stimuliert Kunst ihren Betrachter, wenn sie seine Welt bewegt und ihn auf vorher Ungekanntes führt. Kunst kann auf diesem Wege radikal sein. Sie kann Unerhörtes versuchen und so die Grenzsituationen, von denen wir sprachen und an denen sich Maschine und Organismus begegnen, austaxieren.

Marshall McLuhan charakterisierte nicht umsonst bereits vor über dreißig Jahren – noch ganz im Fluss des elektronischen Zeitalters begriffen – das Bild eines selbstbewussten Menschen in der Technikwelt. Aber er konnte ihn nur als

Außenseiter sehen und als ein Individuum, das sich durch leibliche, seelische und geistige Stärke in besonderer Weise auszeichnet, als Besonderen im Üblichen. Er konnte sich 1965 nur auf den Künstler als den Primat des genialisch Ausgezeichneten im Meer derer, die gewöhnlich nur hinnehmen, berufen. Der Künstler sei als Fachmann für das Beobachten der sinnlichen Welt einzig der leiblichen Verführung gewachsen, weil diese Form des Verleitens zu Ungewolltem und des Arbeitens mit dem schönen Schein sein Arbeitsfeld geradezu ausmacht. «Der wahre Künstler ist der einzige Mensch, welcher der Technik vollkommen unschuldig gegenüberzutreten in der Lage ist, einzig weil er völlig vertraut ist mit den Weisen sinnlicher Wahrnehmung.»[59]

Mir scheint, als würden in Zukunft diese Fähigkeiten noch viel mehr als heute zu ganz allgemeinen werden müssen. Es werden sehr viel mehr Mediennutzer zu Künstlern in eigener Sache werden müssen. Der Bürger der künftigen Medienwelt wird mit geradezu zwangsläufiger Notwendigkeit Künstler sein müssen. Und es wird seinen Sinn behalten, die künstlerische Erziehung vor der Einführung der Computertechnik in der Schule zu betonen. Nicht als Medizin gegen die Technisierung der Lebenswelt, sondern als Weg zu ihrem Verständnis.

Die Herausforderung zur Individualität durch die virtuelle und persönliche Technik der Zukunft findet eine konsequente Antwort in der Kunst. Aber um uns der Kunst zu bedienen, brauchen wir diejenige Offenheit, die unsere philosophierende Haltung in ihrem Kern eigentlich erstrebt: offen zu sein für das, was möglich ist im Erleben des Verhältnisses von Mensch und Maschine.

14. Abschied vom Erlöser

> «Mit Menschlichem wollen wir die Natur durchdringen, wir wollen aus ihr nehmen, was wir brauchen, um über den Menschen hinauszuträumen. Etwas, das großartiger ist als Sturm und Gebirge und Meer, soll noch entstehen als Menschenwerk.»
>
> *Friedrich Nietzsche*[60]

Der tschechische Medienkritiker Vilém Flusser, ein Anarchist unter den Philosophen der Technikwelt, schrieb 1991 in einem Aufsatz über die Zukunft der Medien: «Diese am Horizont der Jahrtausendwende auftauchende neue Generation von Bildermachern und Bilderverbrauchern hat – auf ihrer Flucht nach vorne aus der Bilderflut – das Entsetzen der Verantwortungslosigkeit, Vermassung, Verblödung und Entfremdung tatsächlich überwunden.»[61]

Flusser sah das Heil in der Flucht nach vorn. Die Flüchtlinge sind die Vertreter der jungen und jüngsten Generationen. Flusser glaubte, sie hätten durch ihr Ergreifen der Bilder, durch ihre Handhabbarmachung der neuen Medienwelt, ihre Gestaltung und Nutzung, die zur Überwindung ihres bloßen Ertragens notwendige Freiheit längst gefunden. Und er sah diese Freiheit in den Netzwelten dargestellt, deren demokratisierende Funktion er wie alle anderen Denker noch der beginnenden neunziger Jahre enthusiastisch hervorhob.

Wir erkennen heute unschwer, dass Flusser sich irrte. Er sah nur die Fertigkeiten, die ihre Gestaltung fachmännisch möglich machen. Die technologische Zukunft ist zwar durchaus ergriffen, aber sie wird gemacht, sie wird geplant. Bis zur Freiheit des Menschen von der Maschine ist es noch ein weiter Weg. Das ist letztlich ein problematischer Zug nicht nur in der Vorstellung Flussers, sondern auch in der vieler weiterer Kommentatoren aus Wissenschaft und Produktion: dass in ihrem Denken und Reden dieser unauslöschliche Optimismus gegenüber den Fähigkeiten des Menschen hindurchscheint, die gerade und einzig durch die Macht der Technik aus ihren bisherigen Fesseln befreit werden sollen. Sich zum Herrn über die Apparate zu machen sei bei gehörigem Willen und Mut ohne Weiteres möglich.

Aber was bei Flusser noch objektiv greifbarer Gegenstand planvollen Tuns ist – die neue Medienwelt handhabbar zu machen –, ist heute Lebenswirklichkeit. Und wir sehen, dass allein das Ergreifen materieller Chancen nicht dazu führt, dass wir auch die Fähigkeiten bilden, die zu ihrer Beherrschung vonnöten sind. H. D. Mutschler nennt dieses Phänomen, dass wir glauben, mit technischem Fortschritt ließen sich metaphysische Grenzen überschreiten, das Problem des «technologischen Transzendierens». «Was alles in der Welt veranlasst Carl Benz zu glauben, er könne die Fesseln von Raum und Zeit mit einem technischen Gerät sprengen […]», schreibt er.[62] «Die Idee steckt im Konkreten, und wenn sie nur als regulative Idee gemeint ist, wird sie kein Unheil anrichten, weil derjenige, der von ihr inspiriert wird, weiß, dass sie niemals exakt zur Darstellung kommen kann […]. Aber wehe, wenn sich uns dieser Raum der potenziellen Unendlichkeit unter der Hand zum machbaren Resultat verfestigt!»[63]

Flusser glaubt wie alle anderen an die Idee der Machbarkeit.

Was Mutschler dagegen sagen will, ist, dass wir von den Gegenständen, die wir produzieren können und die im Flusse des Fortschritts die Grenze der Machbarkeit immer weiter hinausschieben werden, nicht automatisch auf den Erwerb metaphysischer Einsichten wie der Moral schließen dürfen. Diese Gegenstände erschließen sich uns nur durch Fähigkeitsbildung. «Die Idee steckt im Konkreten», das heißt, sie ist im funktionalen Apparat oder der prinzipientreuen Methode begrenzt. Zeit und Raum sind aber metaphysische Kategorien, keine Dinge, die wir technisch manipulieren könnten – eben weil sie in ihrem Wesen weit über das naturwissenschaftlich-sinnhafte Wesen der Dinge hinausweisen. Ebenso die Moral. Mutschler fragt, was uns veranlasst zu glauben, dass wir mit Überwindung der praktischen Schranken der Telekommunikation automatisch zu kommunikativen Menschen, zu Mitgliedern einer besseren Gesellschaft würden. Er fragt, warum wir denken, dass wir allein durch die Erfindung des Internets automatisch «demokratischer» werden. Alle diese Eigenschaften verweisen auf *Fähigkeiten*, auf Geistiges.

In den besonders religiös anmutenden Positionen der Technikvisionäre, wie sie heute zum Beispiel von Ray Kurzweil vertreten werden, kommt dieses Missverhältnis besonders zum Ausdruck.[64] Bei Kurzweil wird der Mensch zu einer suboptimalen Übergangsform vom Affen zu einem höheren Wesen, das er in der intelligenten Maschine folgerichtig evolutionär verwirklicht sieht. Bei Friedrich Dessauer wird der Mensch vor rund einhundert Jahren erneut zum Gott gemacht aufgrund der Geräte, die er zu produzieren in der Lage ist. Das Transzendente im Schöpfungsakt wird zum Akt maschinell-systematischer Produktion abgewertet. Für Flusser ist die scheinbare Flucht in den Aktivismus der Bildgestaltung und -formung bereits die Erringung der Freiheit. «Bildermacher» seien wie «Bilderverbraucher» letztlich frei, so sie tätig sind. Freiheit ist für ihn «machbar». Wenn Freiheit aber ein metaphysischer Gegenstand ist, dann wird es niemals eine Maschine geben können, mit deren Hilfe wir frei werden könnten.

Flusser versteht nicht, dass das Durchringen zur individuellen Freiheit nicht in der Überwindung der Lethargie vor der Maschine, sondern in der Überwindung des ambivalenten Verhältnisses des Menschen zur Maschine, also gewissermaßen in der Überwindung des Menschen selbst, liegt. Das Problem der graduellen Isolation und Spaltung des Individualismus durch die persönliche Technik und ihre Apparate, die Verblödung durch die Medienflut und die Entfremdung eben gerade durch die «demokratischen» Netze ist bei Flusser noch nicht geahnt. Die neue Gesellschaftsstruktur der zukünftigen Netzwelten ist noch nicht Realität.

Das Welt-Fernrohr Internet, das uns das Fernste nahe heranzuholen und das Nächste wie innig zur Ferne gehörig, gar mit ihr vereint zu zeigen verspricht, hat uns, um noch einmal an Goethe zu erinnern, die Sinne gehörig verwirrt. Ich hoffe in den vergangenen Kapiteln gezeigt zu haben, dass es für den Menschen in Zukunft darum gehen wird, sich selbst als Ruhepunkt wiederzuentdecken. Als Ruhepunkt mit einer Menge Facetten und Eigenschaften, an die sich zu gewöhnen vielleicht nicht leicht fällt, die einzusehen auf Anhieb nicht unbedingt einleuchten. Das heißt auch, sich im Persönlichen ein Auge für den Unterschied zwischen Fertigkeit und Fähigkeit, zwischen Konkretem und Metaphysischem zu erwerben. Vielleicht wird das einfacher sein, wenn wir versuchen, auf die Einsicht zu blicken, die nun am Ende unserer Arbeit stehen kann.

Blickt der Mensch sich in seiner Geschichte um, dann sieht er das Errungene niemals isoliert, sondern er erkennt in allem Tun doch sich selbst im Zentrum. Das gilt auch und ganz besonders für die technologischen Errungenschaften, also die Produkte gleichermaßen wie die technischen Ideen. Mag die Zeit auch angefüllt sein mit den Dingen, die er erfunden und produziert hat, den Maschinen, die er erschaffen, den neuen Welten, in die er vorgestoßen ist – schaut er aufmerksam auf das Bild, das sich ihm durch die Zeiten darstellt, dann sieht er keine Apparate, keine Technologien und keine Werkzeuge im Mittelpunkt seiner Aufmerksamkeit. Er sieht sich allein als denjenigen, dem all dies gelang und für den es geschaffen wurde. Er weiß, dass das menschliche Element im Herausragenden scheinbar großer weltlicher Fortschritte das eigentlich Bedeutsame ist. «Nichts ist da, worin nicht Menschenschicksal und Naturgesetz, seltsam verwoben, enthalten wäre», schreibt Dessauer.[65]

Wir sollten niemals vergessen, dass dasjenige, was wir suchen, wenn wir das Internet, die e-mail, den Computer oder eine beliebige sinnliche Multimedia-Erfahrung nutzen oder danach streben, sie zu erleben, nicht die Maschine ist. Mag uns das auch täglich durch die Medienwelt, um die es hier ging, suggeriert werden. Wir sollten nicht vergessen, dass noch vor aller Bedürfnisbefriedigung und allem Profitdenken dasjenige steht, was wir erstreben, wenn wir Maschinen konstruieren und bauen: die Bereicherung des menschlichen Lebens im Sinne seiner Verwandlung in einen humanen Lebensraum. Früher nannte man dieses Bestreben eine der «sittlichen» Verbesserung zugewandte Gesinnung. Technik, das war immer ihr Sinn, muss *lebensgemäß* gestaltet sein. In Wahrheit ist es das Menschliche selbst, das sich hinter dem bloßen Pathos verbirgt und das uns eigentlich interessiert, wenn wir uns dem Erleben dieser Welt zuwenden. Hinter dem synästhetischen Erleben der realen Welt und dem herabgedämpften der virtuellen steht ein und dieselbe Motivation.

Es ist wichtig einzusehen, dass die alltägliche Weise, wie wir Technik und so auch die Medienwelt nutzen, bereits Ausdruck der Suche nach dem Menschengemäßen in ihr ist. Und dass die Vergewaltigung des Mediennutzers durch seine Scheinbedürfnisse tatsächlich ein *Missbrauch* dieses ursprünglichen Wunsches darstellt. Das Geschäft mit dem Wunsch nach dem Menschen ist in der Medienzukunft ein besonders widerwärtiges. Deshalb, weil es sich ganz im Geistigen, ganz auf dem Felde der Fähigkeiten und der seelischen Wahrnehmungsschulung abspielt. Ein eigentlich metaphysischer Gegenstand wird in seinen fruchtbaren Impulsen zu einer Befriedigung im Physisch-Reizvollen herabgedämpft.

Deshalb geht es auch nicht darum, den Menschen neu zu «erziehen», ihn dazu zu bringen, dass er den Menschen *wieder* «in der Maschine sieht». Er hat nie aufgehört, das zu tun. Die Antwort auf diese Wirkungen der Technikwelt ist nicht die reaktionäre einer Rückbesinnung auf den «eigentlichen» Menschen. Welcher sollte das sein? Und was gäbe uns das Recht, die Technik als Phänomen der Menschheitsentwicklung aus unserem Welterleben streichen zu wollen? Es wird stattdessen darum gehen, sich des Verhältnisses von Mensch und Maschine – und damit der Frage nach dem Menschen selbst – immer wieder neu zu vergewissern.

Max Maria von Weber sprach die Worte, die diesem Buch vorangestellt sind, beim Anblick des Londoner Kristallpalastes zur ersten Weltausstellung 1851. Dieser Palast war das erste Gebäude, das von Menschenhand aus Tausenden industriell vorgefertigter Teile errichtet worden war. Der Mensch konnte in Ehrfurcht vor dessen Größe verstummen, der Luzidität, der filigranen Ästhetik und dem erhebenden Gefühl, er habe alles dies durch seinen Geist – in der Maschine gegenständlich verkörpert – zum Wohle der Menschheit geschaffen. Es war Webers Hoffnung, Häuser könnten in Windeseile gebaut werden, Obdach für alle Armen wäre nicht mehr ein unerfüllbarer Wunsch. Aber die Weltausstellung war nur sekundär eine Darbietung der Errungenschaften der Menschheit, vielmehr war sie Repräsentanz des «Commonwealth of Nations», materielle Verkörperung der Größe Englands.

Mit dem Kristallpalast hat der Computer eines gemein: die unnachahmliche Faszination, die er verbreitet. Am Staunen Friedrich Dessauers können wir uns die Macht dieses Erschauderns leicht vergegenwärtigen, wenn er schreibt: «Ist ein Ozeandampfer vollkommener Bauart nicht schön? Ist eine Schnellzuglokomotive, die an uns vorüberbraust, nicht herrlich? Und die Halle eines Kraftwerkes, in welchem der Rhythmus von tausend Pferdekräften schwingt, der elektrische Generator singt und die wuchtigen Gelenke im Lichte der Bogenlampen blitzen, begeistern sie nicht? [...] Vollendete Zweckmäßigkeit, vollendete Technik, vollendeter Sieg des Geistes über die Form hat die Qualität der Schönheit.»[66]

Uns geht es heute nicht mehr um eine bloße Ästhetisierung.

Das Faszinierende an ihm ist nicht die im «Konkreten gebannte Idee», sondern das «metaphysische Menschliche», das in der Ästhetik ihrer Konstruktion, der Erhabenheit ihrer Idee und auch dem Staunen vor der Makellosigkeit ihrer Macht hervorscheint. «Wer das einmal gespürt hat, der wird nie mehr unbewegt die Fülle betrachten, die irgend eine Schau technischer Gegenstände bietet. Von ihnen allen haucht Menschlichkeit an.»[67] Dass unser Staunen vor der Maschine und ihren vermeintlichen Wundern in Wahrheit wie bei La Mettrie und bei Leibniz ein Staunen vor einem Höheren ist, das entdecken wir erst, wenn wir genau genug wahrnehmen lernen und uns durch die funktionale Abgeschlossenheit jeder Technik auf das in ihr verborgene Allgemeine hinweisen lassen.

Die Suche nach dem Höheren, dem Göttlichen im Gottesbeweis ist aus der Philosophie unserer Zeit verschwunden. Für uns ist heute bedeutsam, *was der Mensch zu sein vermag*, für den Gott sein oder auch nicht sein kann. So auch auf diesem Forschungsfeld. Von Interesse ist das, was der Mensch im Angesicht der Maschinenwelt zu sein vermag, und die Einsicht in die Gründe, aus denen heraus er die Maschine schaffen konnte. Nicht die Maschine an sich ist reizvoll. Staunten La Mettrie und Leibniz noch vor Gott in der Maschine, so sollten wir staunen lernen vor dem Menschlichen in ihr. Denn das Höhere, das Gott dem Menschen im Wunder des Funktionalen war, ist das spezifisch Menschlich-Geistige im Wunder der immer komplexeren Apparate. Aber es geht um mehr.

So betrachtet, kann Webers Zitat für uns größte Aktualität gewinnen. Es bringt zum Ausdruck, wozu dieses Buch durch eine differenziertere Betrachtung aktuellster Fragen eigentlich erwecken wollte: die Besinnung auf Fragen, die dem turbulenten Treiben der Medienwelt eigentlich ursprünglich zugrunde liegen. Denn kann es uns auch täglich scheinen, als sei der Mensch durch die moderne Informationstechnologie immer mehr ins Unendliche verströmt, als sei er immer mehr in das undefinierbar Übermenschliche der Medienwelt verstreut, tatsächlich findet er sich immer stärker im Mittelpunkt seiner Anschauungen.

Die Medienwelt ist wie ein Spiegelkabinett, in dessen Facetten sich das Menschliche unaufhörlich bricht. Das wird uns mehr als in jeder anderen Technologie zuvor deutlich, weil sie sich im Sinne der Personalisierung und Virtualisierung weiterentwickeln wird. Erst wenn der Mensch sich *als gemeint* versteht in all den technologischen Errungenschaften dieser Zeit, wird er die Frage «Wie leben mit Technik?» zu einer lebendig-tragenden Zufriedenheit beantworten können.

Und eben weil ihm dann einleuchten muss, dass es das eine Bild vom Menschen nicht geben kann – erst recht nicht in der Technik, die uns die virtuellen Netzwelten der Zukunft ankündigen –, gibt es auch nicht «die Rolle» der Maschine im Leben des Menschen. Sie ist täglich neu festzustellen. Eine Medienwelt, die eben diese Zufriedenheit des Einzelnen im Leben mit den Maschinen anstrebt, ist die einzig zukunftstaugliche und kann nur eine menschlich-bewusst gestaltete sein.

Wir sollten darin nicht eine Absage an den Technikidealismus sehen. Die Kritiker einer allzu scharf propagierten Abkehr vom Element der Irrationalität in der technischen Entwicklung haben ganz Recht. So vieles entsteht erst durch diesen Idealismus, der sich manchmal nicht an den tatsächlichen Bedürfnissen orientieren kann. Und wie viele Lösungen, wie viele Erfindungen sind nicht schon gemacht worden, weil man scheinbar Unsinniges auf gut Glück versuchte. Nicht um die Bekämpfung des Technikidealismus, wohl aber um die der Technikidolatrie muss es uns gehen, denn wir haben eben eine Verantwortung, deren Bewusstsein sich in unserer Frage ausspricht: «Wie leben mit Technik?» Es ist eine Verantwortung, die besondere Maschine als Hinweis auf den Menschen und damit auf ein Allgemeines zu verstehen. Sie ergibt sich aus ihrer Herausforderung zum Individualismus. Sie ist keine Verantwortung vor ethischen Prinzipien, sozialen Konventionen oder sittlich-überkommenen Wertvorstellungen, sondern einzig eine vor der körperlichen, geistigen und seelischen Unversehrtheit des individuellen Menschen. Sie ist eine humane Verantwortung. Diese Unversehrtheit wird wohl zum bedeutendsten Gut gehören, das sich der Mensch in Zukunft bewahren kann, da ihm sonst ein existenzieller Boden entzogen würde. Die Seele verlöre ihren Ort, der Geist seine humanistische Bestimmung, der Körper seinen heiligen Wert. Die notwendige Folge ist die Trivialisierung des menschlichen Existenzideals.

So muss die vernehmlichste Warnung vor einem Phänomen ausgerufen werden, das man zunächst am wenigsten erwartet. Die größte Gefahr für diese Auseinandersetzung wird in Zukunft von einer solchen *Trivialisierung des Lebens durch eine Trivialisierung der Technik* ausgehen. Die Zukunftstechnik zum Objekt, zur Nebensache, zu einem dem menschlichen Lebenszusammenhang eigentlich «Fremden» zu machen würde ein Ausweichen vor der eigentlichen Herausforderung bedeuten. Nietzsches Träumen über den Menschen hinaus muss ein bewusstes Ergreifen werden. Erst wenn der Mensch, der heute noch der benutzte Nutzer ist, versteht, dass es nicht darum geht, die Maschine abzulehnen und den Menschen zu wählen – das ist unmöglich –, sondern zu erkennen, dass in all dem, was wir erschaffen und konsumieren, doch nur der Mensch gemeint ist, erst dann hat er den «Abschied vom Erlöser» – so die Formulierung Peter Sloterdijks[68] – tatsächlich vollzogen. Dann wird er nicht nur die eingangs gestellte Frage «Wie leben mit Technik?» zu seiner individuellen Zufriedenheit beantwortet haben. Er wird sich auch eine geistige Grundlage geschaffen haben, der *tatsächlichen* Medienzukunft, die niemand letztlich voraussehen kann, mit Gelassenheit entgegenzusehen, ja mit dem *bewusst empfundenen Wunsch*, sie selbst zu erleben und sogar zu gestalten. Ob der Mensch in der Lage sein wird, sich in der Medienwelt zu behaupten, wird dann von dem Ernst abhängen, mit dem er gewillt ist, sich die Frage immer erneut zu stellen: nicht welche Rolle er in dieser Medienwelt spielen will, sondern welche Relevanz das Rätsel, das er sich ewig selbst ist, für ihn besitzt. Das Rätsel, das in den modernsten Maschinen nur in immer neuer Weise gebrochen erscheint.

Anmerkungen

1 *Sprüche in Prosa*, Nr. 17, S. 26.

2 Ernst Schuberth, *Erziehung in einer Computergesellschaft*.

3 «Schulen ans Netz», abgekürzt SAN. Projekt der Bundesregierung, mithilfe dessen durch Sponsoring aus der Wirtschaft 750 Schulen die Möglichkeit zur internen Vernetzung und zum Anschluss an das Internet gegeben werden soll.

4 Weltumspannendes Computernetzwerk. Dient zur Übertragung von multimedialen Inhalten (Audio, Video, Text, Bild), elektronischer Post und als Datenquelle besonders im akademischen Bereich. Zur näheren Charakterisierung des Internets siehe vor allem Teil II.

5 Dass man bei all der Monumentalität, Sensation und den bahnbrechenden Neuschöpfungen um das Prestige einer zeitgemäßen Erziehung auch an der Waldorfschule nicht verlegen sein will, verwundert nicht, und niemand nähme es übel. Sie wird ja gemeinhin auch für eine Schule der Technikfeindlichen – «eben die, die nicht fernsehen» – gehalten. Der Wunsch, mit der Zeit zu gehen und ihre Zeichen zu erkennen, ist dadurch ganz drängend und in seiner Motivation berechtigt.

6 Technisierung des Lebendigen, S. 72.

7 Ebd., S. 73.

8 Technik als Religionsersatz, S. 58.

9 Karl Jaspers, *Die geistige Situation der Zeit*, Sammlung Göschen, Frankfurt/M. ⁵1978.

10 Adolf Muschg, «Bis zum Durchsichtigen gebildet». Nachwort zu *Wilhelm Meisters Wanderjahre*, S. 499.

11 Neil Postman, *Keine Götter mehr*.

12 In: *Die ZEIT*, Nr. 46/1999.

13 Der Begriff ist bei Jaspers mehrdeutig. Er wird hier der Anschaulichkeit halber als weitergehend mit dem des «Göttlichen» synonym verwendet.

14 Sloterdijk, *Sphären I*.

15 Zum Forschungsbereich der «mass customization», also der Personalisierbarkeit vormals typischer Massenprodukte in der modernen Informationsgesellschaft, vgl. z.B. auch Die Konsequenzen von Informationsassistenten.

16 Technik als Religionsersatz, S. 63.

17 *Die Philosophie der Technik*, S. 21.

18 Ebd., S. 96.

19 Ebd., S. 93.

20 Neil Postman, *Wir amüsieren uns zu Tode*, Frankfurt/M. [9]1997.

21 In: *Die ZEIT*, Nr. 46/1999.

22 Neil Postman, *Keine Götter mehr*.

23 H. D. Mutschler, Technik als Religionsersatz.

24 Vilém Flusser, Bilderstatus.

25 Natürlich drängt sich die Ähnlichkeit zur Telefonnummer auf, die ja auch über das Telefonbuch die entsprechende Zuordnung zu einem Teilnehmer erlaubt. Der Unterschied ist aber doch evident: Der Teilnehmer kann auflegen, wenn er belästigt wird. Über «nicht-reaktive» Methoden der Nutzerüberprüfung lassen sich im Internet viel weitreichendere Daten ermitteln, ohne dass der Nutzer dies weiß.

26 Steven Talbott, *The future does not compute*, S. 8 ff.

27 *Technische Aufklärung*, S. 39.

28 Steven Talbott, *The future does not compute*, S. 26.

29 Zitiert nach *Die ZEIT*, Nr. 47/1999, S. 46.

30 Hier könnte eingewendet werden, dass die Lebenswelt des Menschen selbstverständlich permanent von Technik durchsetzt ist. Das ist sicherlich richtig. Allerdings ist ein Unterschied zu machen zwischen einer Technik, die die Welt ergänzt, und einer Technik, die eine neue Welt erzeugt, indem sie etwas bereithält, das vorher nicht da gewesen ist. Dies wäre ebenfalls ein Forschungsgegenstand.

31 «eXistenZ», ein Film von David Cronenberg (USA, 1999) über die Zukunft der Verschmelzung von Technik- (Medien-) und Menschenwelt.

32 Vgl. hierzu vor allem Ernst Kapp, *Grundlinien einer Philosophie der Technik*. Diese Theorie wird allgemein als «Organprojektion» bezeichnet.

33 In: *Die Philosophie der Technik*, S. 94.

34 Siehe Jaspers, *Denkwege*, S. 77.

35 Ebd., S. 11.

36 Vgl. *Die ZEIT*, Nr. 38/1999, S. 51.

37 Zur Theorie der «environments» vgl. vor allem R. J. Deibert, *Parchment, printing, and hypermedia*.

38 Vgl. R. Kuhlen, *Die Konsequenzen von Informationsassistenten*.

39 Vgl. *Die ZEIT*, Nr. 38/1999, S. 51.

40 In: *Die ZEIT*, Nr. 46/1999.

41 Vgl. *Cyberspace – Virtual Reality*.

42 Vgl. McLuhan, *Understanding Media*.

43 Vgl. Paul Virilio, *Der negative Horizont*.

44 Vgl. zur Wirksamkeit von Technik in Bezug auf die Medienwelt vor allem Schuberth (Technik im Computerzeitalter allgemein) sowie zum Beispiel McLuhan (Medien allgemein), Nowotny (Zeitwahrnehmung und Medien), Hammel (Technikentwicklung). Die beiden letztgenannten Darstellungen sind enthalten in Sandbothe / Zimmerli (Hrsg.), *Zeit, Medien, Wahrnehmung*.

45 *Denkwege*, S. 40.

46 Zitiert nach: *Der Spiegel*, Nr. 42/1999, S. 292.

47 Barthelmes, Jürgen, *Fernsehen und Computern in der Familie.*

48 Ebd., S. 51 ff.

49 Ebd.

50 Ebd., S. 83 ff.

51 Vgl. *Die ZEIT*, Nr. 38 / 1999, S. 51.

52 *Techno, Internet, Cyberspace*, S. 102.

53 Ebd., S. 105 und S. 104.

54 Ebd., S. 104.

55 Ray Kurzweil, in: *Die ZEIT*, Nr. 46/1999.

56 Marshall McLuhan, *Understanding Media*, S. 11.

57 Ebd., S. 18.

58 Ebd., S. 17.

59 Ebd., S. 18.

60 Zitiert nach Emil Preetorius, *Weltbild und Weltgehalt*, Frankfurt 1947, S. 5.

61 Vilém Flusser, Bilderstatus, 1991.

62 Technik als Religionsersatz, S. 68.

63 Ebd., S. 69.

64 Vgl. Ray Kurzweil, *Homo S@piens.*

65 *Die Philosophie der Technik*, S. 24.

66 Ebd., S. 26.

67 Ebd., S. 24.

68 Vgl. *Selbstversuch*, S. 132 ff.

Literatur

Ahriman. Profil einer Weltmacht, Stuttgart: Verlag Urachaus 1996.

Barthelmes, Jochen, *Fernsehen und Computern in der Familie*, München: Kösel-Verlag 1999.

Buermann, Uwe, *Techno, Internet, Cyberspace – Jugend und Medien heute. Zum Verhältnis von Mensch und Maschine*, Stuttgart: Verlag Freies Geistesleben 1998.

Deibert, R.J., *Parchment, printing, and hypermedia. Communication in world order transformation*, New York: Columbia University Press 1997.

Dessauer, Friedrich, *Die Philosophie der Technik*, Bonn: Verlag von Friedrich Cohen 1927.

Eggert, Hartmut, und Garbe, Christina, *Literarische Sozialisation*, Stuttgart: Sammlung Metzler 1995.

Flusser, Vilém, *Die Revolution der Bilder* (Der Flusser-Reader), Mannheim: Bollmann Verlag ²1996. Darin insbesondere die Essays: Der städtische Raum und die neuen Technologien. Auf dem Weg zum Unding (1990), Im Trüben fischen (1990), Hinweg vom Papier (1990), Städte entwerfen (1990), Bilderstatus (1991).

Goethe, Johann Wolfgang, *Sprüche in Prosa*, hrsg. und kommentiert von Rudolf Steiner, Stuttgart: Verlag Freies Geistesleben 1999.

–, *Wilhelm Meisters Wanderjahre*, Frankfurt/M.: Insel Verlag 1984.

Jaspers, Karl, *Die geistige Situation der Zeit*, Sammlung Göschen Bd. 1000, Frankfurt/M.: De Gruyter 1932.

–, *Vernunft und Existenz*, München: Serie Piper ⁴1973.

–, *Denkwege*, München: Serie Piper ²1988.

–, *Philosophie*, München: Serie Piper 1994.

Joerges, Bernward, *Technik – Körper der Gesellschaft*, Frankfurt/M: Suhrkamp 1996.

Kapp, Ernst, *Grundlinien einer Philosophie der Technik*, Braunschweig: Stern Verlag Janssen & Co. 1978.

Kuhlen, Rainer, *Die Konsequenzen von Informationsassistenten*, Frankfurt: Suhrkamp Taschenbuch Wissenschaft 1999.

Kurzweil, Ray, *Homo s@piens*, Köln: Kiepenheuer & Witsch 1999.

McLuhan, Marshall, *Der McLuhan-Reader*, Mannheim: Bollmann-Verlag 1995.

–, *Understanding media*, Massachusetts: Massachusetts Institute of Technology Press ⁶1997.

Mutschler, H. D., Technik als Religionsersatz, in: *Scheidewege. Jahresschrift für skeptisches Denken*, Baiersbronn, Jahrgang 28, 1998, S. 52 ff.

–, Technisierung des Lebendigen, in: *Scheidewege. Jahresschrift für skeptisches Denken*, Baiersbronn, Jahrgang 29, 1999, S. 72 ff.

Postman, Neil, *Keine Götter mehr*, München: dtv 1995.

–, *Das Verschwinden der Kindheit*, Frankfurt/M.: Fischer Verlag 1987.

Ropohl, Günter, *Technologische Aufklärung*, Frankfurt/M.: Suhrkamp Taschenbuch Wissenschaft 1991.

Sandbothe, Mike, und Zimmerli, Walter C. (Hrsg.), *Zeit, Medien, Wahrnehmung*, Darmstadt: Wissenschaftliche Buchgesellschaft 1994.

Schuberth, Ernst, *Erziehung in einer Computergesellschaft*, Stuttgart: Verlag Freies Geistesleben 1990.

Setzer, Valdemar, *Computer in der Schule – Thesen und Argumente*, Stuttgart: Verlag Freies Geistesleben 1992.

Sloterdijk, Peter, *Selbstversuch. Gespräch mit Carlos Oliveira*, Frankfurt/M.: Suhrkamp Verlag 1997.

–, *Sphären I.*, Frankfurt/M: Suhrkamp ²1998.

Steiner, George, *Der Garten des Archimedes. Essays*, München: Hanser Verlag 1997.

Steiner, Rudolf, *Die Ergänzung der heutigen Wissenschaften durch Anthroposophie*, Rudolf Steiner Gesamtausgabe Bibl.-Nr. 73, Dornach: Rudolf Steiner Verlag ²1987.

–, *Zeitgeschichtliche Betrachtungen*, Band II, Rudolf Steiner Gesamtausgabe Bibl.-Nr. 174, Dornach: Rudolf Steiner Verlag ²1983, Vortrag vom 7.1.1917.

Talbott, Steven L., *The Future Does Not Compute*, New York: O'Reilly & Associates 1995.

Virilio, Paul, *Der negative Horizont*, München: Hanser Verlag 1995.

Wedde, Horst F. (Hrsg.), *Cyberspace – Virtual Reality. Fortschritt und Gefahr einer innovativen Technologie*, Stuttgart: Verlag Urachhaus 1996.

Weitere Quellen

http://www.forum-anthroposophie.de
Das forum anthroposophie & neue medien verfolgt die Idee der Erarbeitung von Grundlagen für eine zeitgemäße anthroposophische Öffentlichkeitsarbeit. Das Internet-Angebot umfasst umfangreiche Verzeichnisse anthroposophischer Angebote im Internet, aktuelle Nachrichten, Veranstaltungsinformationen, einen Querschnitt durch die aktuellen anthroposophischen Publikationen und eine Vielzahl weiterer Hintergrundinformationen.

http://www.geistesleben.com und
http://www.urachhaus.com
Die Internet-Seiten der Verlage Freies Geistesleben und Urachhaus. Mit der Möglichkeit zu direkter Recherche und Bestellung. Zusätzlich reichhaltige Hintergrundinformationen zu Autoren und deren Terminen sowie Veranstaltungen.

http://www.aber.ac.uk/~dgc/mcs.html
The Media Studies Site. Umfangreiches englischsprachiges Angebot zum Forschungsgebiet der Medientheorie an der Universität von Wales.

http://www.waldorfkindergarten.org
Die offiziellen Seiten der Internationalen Vereinigung der Waldorfkindergärten. Mit Recherchemöglichkeit und Hintergrundinformationen zur Pädagogik Rudolf Steiners.

http://www.waldorfschule.de

Die offiziellen Seiten zur Pädagogik Rudolf Steiners vom Bund der Freien Waldorfschulen in Deutschland. Mit Recherchemöglichkeit und Hintergrundinformationen.

http://www.anthroposophy.com

Ein privates anthroposophisches Forum mit umfangreichen Verzeichnissen zu Internet-Angeboten und vielen Recherche-Tipps.

http://www.kidnet.ch

Ein schweizer Internet-Angebot für die ganze Familie mit dem Schwerpunkt «medienintegrierende Pädagogik».

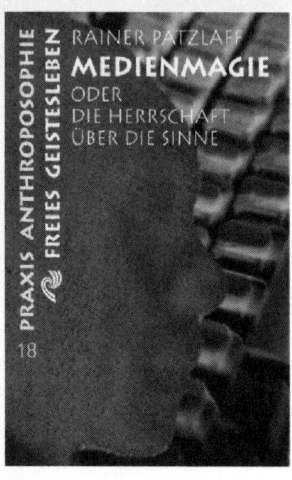

Rainer Patzlaff
Medienmagie

oder die Herrschaft über die
Sinne
176 Seiten, kartoniert

Die gewaltige Invasion der neuen technischen Systeme folgt einem inneren Gesetz. Sie kann nur dort zum Zuge kommen, wo wir selbst das Feld geräumt haben. Das geistige Vakuum, das wir in unserem Denken und Sprechen selbst geschaffen haben, indem wir uns mit der ganzen Fülle unseres persönlichen, menschlichen warmen Erlebens daraus zurückgezogen haben, ist nun der Ort, in den Maschinen mit künstlicher Intelligenz hineindrängen, um uns mit unseren eigenen Waffen zu schlagen.

Den Fortschritt aus menschlichen Kräften zu gestalten, statt ihn Maschinen zu überlassen, dazu möchte das Buch eine Anregung sein.

Verlag Freies Geistesleben

Uwe Buermann

Techno, Internet, Cyberspace

Jugend und Medien heute.
Zum Verhältnis von Mensch
und Maschine.
166 Seiten, kartoniert

Stärker als je eine Jugendgeneration zuvor wächst die Jugend
der neunziger Jahre mit technischen Medien auf. Für viele
Eltern, Lehrer und Erzieher ist es oft beängstigend, wie nahtlos
sie sich technischen Entwicklungen im Medienbereich anpasst
– ob es Computerspiele sind, die schon im frühesten Kindes-
alter Einzug in die Kinderzimmer halten, ob es das erst seit
wenigen Jahren existierende Internet ist oder die Techno-Welle
im Bereich der Musikszene.

Uwe Buermann geht diesen Phänomenen nach, die er zum
großen Teil aus eigener Erfahrung und aus vielen Gesprächen
mit Jugendlichen kennt. So fragt er sich auch, was in dem Verhältnis der Jugendlichen gegenüber diesen Medien unter Um-
ständen an positiven Kräften zu finden ist.

Verlag Freies Geistesleben

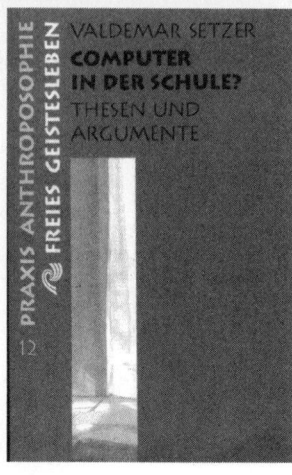

Valdemar Setzer

Computer in der Schule?

Thesen und Argumente.
Aus dem Englischen
von Lothar Goecke.
112 Seiten, kartoniert

Der Computer wird – und das ganz selbstverständlich – verstärkt in den Schulen eingesetzt. Wie könnte auch eine auf die schnelle Datenverarbeitung orientierte Gesellschaft es sich anders wünschen, als dass die heranwachsende Generation diese neue Technologie voll beherrscht? Eine allzu frühe Heranführung der Kinder an den Computer kann aber die Selbstständigkeit und Kreativität junger Menschen gefährden. Es muss die richtige Zeit in der Entwicklung der Schüler gewählt werden. Hier wird eine klare, sachkundige und engagierte Stellungnahme vorgelegt.

Verlag Freies Geistesleben

Ernst Schuberth

Erziehung in einer Computergesellschaft

Datentechnik und die werdende Intelligenz des Menschen.
320 Seiten, gebunden

Wer im Erziehungsprozess die datenverarbeitenden Maschinen wegen ihrer weitreichenden menschlichen und sozialen Wirkungen verantwortlich einbeziehen will, muss Fragen wie die folgenden aufwerfen und zu beantworten versuchen: In welchem Verhältnis stehen Mensch und Computer? Welches sind die Entwicklungsgesetze des Heranwachsenden, und in welchem Verhältnis stehen dazu die Kräfte, die für eine fruchtbare Auseinandersetzung mit der Datentechnik zu fordern sind? Wie kann die Bildung des jungen Menschen einerseits seinen Entwicklungsbedürfnissen, andererseits den sozialen Forderungen nach «Computer-literacy» gerecht werden?

Die aus der Anthroposophie und Waldorfpädagogik von Ernst Schuberth entwickelten Gesichtspunkte geben die Basis ab, von der aus eine menschlich zu verantwortende Integration des Computers in Schule und Gesellschaft stattfinden kann.

Verlag Freies Geistesleben

Georg Kniebe

Auf der Suche nach dem Geist im Kosmos

Ein Streifzug durch die
Science-Fiction-Welt.
110 Seiten, kartoniert

Georg Kniebe schildert Science-Fiction-Motive in Film und
Literatur und untersucht sie auf die ihnen zugrunde liegen-
den Bewusstseinsphänomene – ein interessanter Streifzug
durch das Gebiet der Weltraumfantasien, bei dem sich er-
staunliche Grenzvorstellungen und verborgene Sehnsüchte
zeigen.

Verlag Freies Geistesleben